Werner Ringhofer
Bernd Fürtbauer

CAORLE

IMPRESSUM

ISBN: 978-3-7012-0090-0

© 2012 by *Styria regional Carinthia* in der
Verlagsgruppe Styria GmbH & Co KG
Wien – Graz – Klagenfurt

Bücher aus der Verlagsgruppe Styria gibt es
in jeder Buchhandlung und im Online-Shop

Lektorat: Mag. Nicole Richter
Cover- und Buchgestaltung: TACC Media & Production GmbH

Druck und Bindung:
Druckerei Theiss GmbH, St. Stefan im Lavanttal

Werner Ringhofer
Bernd Fürtbauer

CAORLE

**Charmantes Kleinod
an der Adria**

INHALT

Warum Caorle?

Caorle, sieben Uhr früh irgendwann im Mai. Vom Bett aus hört man Wasser auf den Asphalt tropfen. „Regen, und das im lange ersehnten Urlaub!" Der erste Blick aus dem Fenster beruhigt wieder. „Gott sei Dank, die Sonne scheint." Es war nur der Reinigungswagen, der die Stadt für einen weiteren Sommertag bereit macht. Also, einfach umdrehen und noch eine Runde schlafen. Plötzlich furchtbarer Krach. Die Müllabfuhr dreht ihre Runden, gleich darauf eine Hupe. Der Bäcker knattert auf seiner Ape vorbei, dem berühmten Moped mit Ladefläche. Und schon steigt der Duft frischer Brioche in die Nase. Jetzt wird man doch neugierig, Inspektion der Lage auf dem Balkon. Zwei Männer, gekleidet in Kappa- beziehungsweise Lotto-Trainingsanzüge, diskutieren lautstark über die Squadra Azzurra. In der einen Hand das Frühstück, in der anderen die Sportbibel „Gazzetta dello Sport". Ein Fiat Panda, dessen Fahrer schon am frühen Morgen eine Sonnenbrille trägt, rast vorbei, als wäre er auf der Flucht. Die Kellnerin im Café gegenüber reinigt die Tische und macht sich für die ersten Kunden bereit. Keine Touristen sind zu sehen. Ab und zu ein Jogger, aber sonst keine Spur von den Menschenmengen, die in wenigen Wochen den Strand übervölkern werden. Nur die Einheimischen, die in Caorle leben und arbeiten, sind jetzt unterwegs.

Immer wieder wird man gefragt, was genau an Caorle fasziniert. Es ist diese spezielle Mischung aus Altstadt, engen Gassen, stimmungsvollen Plätzen, pastellfarbenen Häusern, Meer, Essen, Wein, Natur, Geschichte, Liebe zur Tradition und den baulichen Wahrzeichen der Gegenwart. Es sind die Menschen, die beim ersten Sonnenstrahl im Freien sitzen, ihren Aperol Spritz trinken und sich Zeit nehmen, um in der Bar bei einem Kaffee über Fußball, Politik oder die gute alte Lira zu diskutieren. Strände mit goldfarbenem Sand und fast unberührte Lagunen machen Caorle zu einem der interessantesten Naturschauplätze der Oberen Adria. Die Altstadt Caorles erinnert auch an die venezianische Tradition, Markuslöwen brüllen an manchen Ecken und Hauswänden noch immer stumm. Das Leben spielt sich in den Gassen und auf den Plätzen ab, die voll sind von guten Fischrestaurants, Pizzerien und Eisläden.

Es ist ein Ort, in dem man auf Urlaub ist und sich trotzdem zu Hause fühlt, noch dazu nach nur wenigen Stunden Fahrzeit. Es gibt natürlich auch jene Tage, jene Monate, in denen man mehr Deutsch als Italienisch hört. In denen man Urlauber in Badelatschen mit weißen Tennissocken antrifft und im Lokal keinen Platz mehr bekommt. Dann wird in den Restaurants mehr Fastfood als Pasta verkauft, und in der Pizzeria eine „Pizza Alemania" mit „Wurstel und Crauti" angeboten. „Hausmeisterstrand" oder „Teutonengrill" sagen die Kritiker dazu – und sie haben sicher ein bisschen recht. Den wahren Zauber der Stadt spürt man am besten außerhalb der Hauptsaison. Dazu passend der Slogan von Bürgermeister Marco Sarto: „Caorle, das ganze Jahr lebenswert."

Dieses Buch soll anregen, Caorle zu entdecken, sich auf die Stadt einzulassen. Es soll Sie dazu verführen, spontan die Koffer zu packen, um für einige Tage den Süden und das mediterrane Lebensgefühl aufzusaugen.

Grundkurs
Caorle

Caorlotti oder Caorlesi?

Ja, wie heißen sie jetzt eigentlich, die Einwohner von Caorle? Caorlotti oder Caorlesi? Autor Gianni Prevarin meint in seinem Buch „Caorle entdecken", das korrekte Italienisch tendiert zu „Caorlesi", die Caorlesi dagegen bezeichnen sich selbst lieber als „Caorlotti". Für „Caorlesi" spricht, dass sich der Begriff Forschungsergebnissen zufolge direkt von „Caprulensis" ableiten lässt, dem alten Namen für Caorle. Viele Völker an der venetischen Riviera hatten allerdings die Endung „oti" in ihrer Namensbezeichnung. So sprach man bei den Einwohnern von Cavallino von den „Cavallinoti", die Bürger von Chioggia nannten sich „Chioggiotti". „Caorlesen" wäre zwar auf Deutsch auch nicht falsch, aber man fährt wohl richtig, wenn man die Einheimischen als „Caorlotti" anspricht. So kann man sich gleich mit seinem Insiderwissen ein wenig brüsten …

Ein Ort, vier Sprachen

Mehrere Dialekte werden in Caorle gesprochen. Für den Urlauber kaum hörbar gibt es doch neben der Hauptsprache Italienisch auch noch das Venetische, das Venezianische sowie einen eigenen Dialekt, den „Caorlotto", der von manchen Bewohnern der Stadt gepflegt wird.

Das Venetische *Lengoa veneta* ist eine romanische Sprache und wird von rund fünf Millionen Menschen in der Region Venetien (Veneto), in Teilen Friaul-Julisch Venetiens, des Trentino und Istriens gesprochen. Es gehört zur Gruppe der norditalienischen Dialekte und wird aufgrund der großen Unterschiede zum Standarditalienisch als eigenständige Sprache betrachtet. Seit März 2007 ist dies auch offiziell und das Venetische per Gesetz als Sprache anerkannt. Dennoch gibt es einen Unterschied zwischen „Veneto" (Venetisch) und der gesamten Dialektgruppe einschließlich aller Regionaldialekte und dem „Venesian" (Venezianisch). In Caorle spricht und versteht man alle Dialekte, die einander doch sehr ähnlich sind. In der Schule wird natürlich, wie überall in Italien, Italienisch gelehrt. Von der italienischen Standardsprache unterscheidet sich das Venetische besonders in der Aussprache, zum Beispiel wird häufig „ts" anstelle von „tsch" gesprochen, was sich etwa im Wort *ciao* gleich erkennen lässt.

Ursprünglich war das Venezianische zur Zeit der Republik Venedig eine sehr angesehene Sprache. Große Venezianer wie Marco Polo, der seine Reiseberichte in venezianischer Sprache schrieb, oder die Schriftsteller Marino Sanudo und Andrea Calmo machen dies deutlich. Auch auf die Handelssprache im Mittelmeerraum sowie auf kroatische und dalmatinische Dialekte nahm das Venezianische starken Einfluss. Mit der Auflösung der „Serenissima" durch Napoleon 1797 und der Gründung des italienischen Nationalstaates, der das vom toskanischen Dialekt geprägte Standarditalienisch als Amtssprache einführte, verlor das Venezianische an Wert und wurde für lange Zeit auf den Status eines rein mündlich gebrauchten Dialekts herabgestuft.

„Caorlotto", der alte, sehr traditionelle Dialekt Caorles ist eine etwas rustikalere Variante zum „Venesian", der in Venedig gesprochen wird. Nur noch wenige alte Leute oder Fischer sprechen den Dialekt, da er im Vergleich zum Standarditalienisch oft als unfreundlich und unhöflich empfunden wird. Viele Höflichkeitsfloskeln werden weggelassen und auch der Klang ist nicht so weich wie jener der Standardsprache. Eine Gruppe von Personen, die sich für die Erhaltung dieses Dialekts einsetzt, betreibt eine Website, die es aber nur in italienischer Variante gibt. Unter www.caorlotti.com kann man sich genauer informieren und einzelne Wörter auch übersetzen lassen.

Wir Caorlotti

Das Meer, der Strand, die Sonne, die hübsche Altstadt, das feine Eis, die knusprige Pizza, die netten Restaurants – Gründe, warum wir immer wieder nach Caorle fahren, würden uns noch viele einfallen. Besonders in Erinnerung geblieben sind der charmante Kellner, das fröhliches „Ciao!" vom Bäcker, der nette Schwatz mit dem Pizzaiolo und der herzliche Empfang im Hotel. Sonne und Strand schön und gut – aber wirklich lebendig wird jeder Ort vor allem durch seine Menschen. Deshalb holen wir einige Caorlotti vor den Vorhang und lassen sie von ihrer Stadt erzählen: was sie daran lieben, wie die Stadt sich entwickelt hat und welche Hoffnungen sie haben. Caorle live.

Caorle muss ein Fischerort bleiben

Romolo Molena wurde 1950 in Caorle geboren. Zehn Jahre lang sammelte er im deutschen Hotelgewerbe Erfahrung. Seit 1984 ist er wieder zurück und Eigentümer des International Beach Hotel, das zur Molena Group mit zwei weiteren Hotels gehört. Außerdem ist Romolo Vizepräsident des Hotelverbandes ACA von Caorle.

Das „International Beach Hotel" ist heute ein führendes Hotel in Caorle. Das war nicht immer so. Wie war die Entwicklung?

Wir hatten damals kleine Zimmer ohne Klimaanlage oder Heizung, Etagenbad – an einen Pool war nicht zu denken. Aber wir haben investiert und heute stehen wir bei 20 000 Nächtigungen im Jahr. Das Hotel ist ganzjährig geöffnet, da wir auch interessante Pakete zu Silvester und zum Karneval in Venedig anbieten.

Die Vorlieben der Gäste haben Sie in Deutschland kennengelernt.

Dort habe ich gelernt, welchen Stellenwert das Frühstück hat. Italiener frühstücken bekanntlich kaum. Wir und viele meiner Kollegen haben deshalb schon Anfang der 1980er-Jahre ein reichhaltiges Buffet zum Frühstück angeboten, mit „typisch deutschen" Lebensmitteln. Heute hat sich das natürlich geändert. Die Gäste erwarten italienische Spezialitäten wie Espresso, Mortadella, Salami Milano oder Prosciutto.

Aus welchen Ländern kommen die Gäste heute?

Die Mehrheit der Urlaubsgäste kommt immer noch aus Österreich und Deutschland, man ist ja in wenigen Stunden da. Speziell zu „Ferragosto", also rund um den 15. August, der Haupturlaubszeit der Italiener, haben wir auch viele Gäste aus den umliegenden Städten wie Udine, Padua, Vicenza oder Treviso. Urlauber aus Tschechien und der Slowakei sind neu.

Wie sehen Sie als Vizepräsident des Hotelverbandes die nächsten Ziele und Visionen zur Verbesserung der Infrastruktur?

Caorle bleibt ein Fischerort. Das ist das Ziel. Das Flair und die Atmosphäre, die Caorle ausmachen, müssen um jeden Preis erhalten werden. Wir haben jährlich vier Millionen Nächtigungen, Tendenz steigend. Die Gäste honorieren die Aktivitäten, baulich hat die Stadt schließlich viel gemacht. Im alten Kino auf der Piazza Matteotti befinden sich nun der Tourismusverband und ein tolles Café, das alte Rathaus wurde ebenfalls total renoviert und mit schönen Geschäften aufgewertet. 2012/2013 wird das neue Fischmarktareal am Hafen fertig sein – mit vielen hochwertigen Geschäften, eine kleine Einkaufsstraße auf hohem Niveau. Für hippe Gebäude oder gar Türme, wie in Jesolo, ist in Caorle Gott sei Dank kein Platz.

Die Viale Santa Margherita ist im Sommer am Abend nun eine Fußgängerzone und wird neu gestaltet werden, da die Gehsteige zu eng sind. Schon im nächsten Jahr wird der Gast die Maßnahmen zur Verbesserung des Strands deutlich merken: neue und vor allem mehr Toilettenanlagen und Duschen, behindertengerechte Zugänge zum Strand, und in den Strandbars wird man künftig auch Strandartikel oder Zeitungen kaufen können.

Eine Menge Investitionen in Zeiten der Krise.

Um der Wirtschaftskrise entgegenzuwirken, gibt die Regierung mit dem Gesetzeserlass „Piano Casa" allen Gewerbetreibenden die Möglichkeit, 20 % der Gesamtfläche ohne langes Genehmigungsverfahren zu erweitern. Viele werden dieses Angebot annehmen und die Infrastruktur verbessern.

Und doch fehlen in Caorle absolute Luxushotels und Gourmettempel ...

Es gibt viele wirklich gute 3- und 4-Sterne-Hotels und Pensionen. Das Preis-Leistungs-Verhältnis passt in Caorle. In den Restaurants und Beherbergungsbetrieben steht die Regionalität im Vordergrund. Die Produkte sollen authentisch sein und ich glaube, das gelingt uns allen ganz gut. Der Gast kann fast überall frischen Adriafisch auf gutem Niveau sowie die guten Weine der Region Lison Pramaggiore genießen.

Stichwort Algenplage in den 80er-Jahren. Viele Urlauber verbinden immer noch die Adria mit Algen, so wie den österreichischen Wein mit Weinskandal.

1988/89 waren Winter und Frühling sehr warm, darauf folgte ein Jahrhundertsommer, das begünstigte die Algen. So etwas passiert alle fünfzig Jahre und davor sind wir auch heute nicht gefeit. Für die Entwicklung des Tourismus war die Algenplage nicht negativ. Die Region Veneto vergab zum Beispiel zinsfreie Kredite für den Bau von Pools oder anderen Investitionen. Dieses Angebot wurde von vielen Hotelbesitzern genützt. Man muss sich vorstellen, dass es 1988 in Caorle nur sechs Hotels mit Pool gab. An der Adria und auch im Hinterland wurden Kläranlagen gebaut und die Wasserqualität hat sich wesentlich verbessert.

Die Saison ist relativ kurz. In vielen Orten an der Adria wird ab September der Gehsteig nach oben geklappt. Nicht so in Caorle?

Auch im Winter ist Caorle eine Stadt mit 8 000 Einwohnern, die einkaufen, essen und trinken wollen. Die Restaurants und Geschäfte im Stadtzentrum sind so gut wie alle geöffnet. Doch auch für den Urlaubsgast wird Caorle außerhalb der Sommersaison immer interessanter. Wir haben Tennisplätze, einen Golfplatz und ein Leichtathletikstadion. Das österreichische Leichtathletik-Nationalteam veranstaltet sein Frühjahrs-Trainingslager seit Jahren in Caorle. Es gibt eine Gastronomiemesse und im Herbst viele Veranstaltungen rund um den Wein der Anbauregion Lison Pramaggiore, zum Jahreswechsel geht eine große Party in der Altstadt über die Bühne, und viele Hotels öffnen zum Karneval in Venedig.

Ich war die erste Saisonarbeiterin

Margarethe Martin war „Gastarbeiterin der ersten Stunde", die in Caorle ihre große Liebe und ein neues Leben fand. Sie kam als junge Frau von Graz nach Caorle, um als Saisonkraft zu arbeiten. Noch im selben Jahr lernte sie ihren Mann Roberto kennen und blieb. Seit bereits 18 Jahren arbeitet Margarethe im Café Europa.

Margarethe, wie hat es Sie von der Steiermark nach Caorle verschlagen?
Ich kam als junge Frau 1972, um im Naturfreundeheim als Kellnerin zu arbeiten. Leider war die Stelle im Service schon vergeben und so musste ich in der Küche schuften. Ein harter Job und die Sprache verstand ich auch nicht. In dieser Saison lernte ich dann meinen Mann Roberto kennen. Ich ging zwar zurück nach Graz, aber schon im November besuchte mich Roberto und holte mich wieder hierher. 1975 kam unsere Tochter Roberta zur Welt, 1978 heirateten wir. Seither bin ich als Kellnerin aus Caorle nicht mehr wegzudenken.

Hatten Sie nie Heimweh?
Der erste Winter in Caorle war sehr schlimm für mich. Weihnachten feiern die Italiener ganz anders. Es ist nicht so heimelig und kein so großes Familienfest wie bei uns, das Brauchtum wird nicht so zelebriert und außerdem fehlte mir der Schnee. Doch die Liebe zu meinem Mann war stär-

ker. Natürlich versuche ich jetzt, mit meiner Familie die Traditionen hochzuhalten, aber ohne Schnee, Punsch und Weihnachtsmärkte ist das schwierig. Im Winter verbringe ich deshalb meinen Urlaub in Österreich.

Klingt ja fast, als würden Sie gerne wieder einmal zurückkehren?

Mein Mann ist ein typischer Caorlotto, er wird ganz unrund, wenn er den Kirchturm und das Meer nicht sieht. Und durch meinen Sonnenschein, unseren Enkel Filippo, stellt sich die Frage nach einer Rückkehr nicht mehr. Er ist jetzt drei Jahre alt und ich bin gerade dabei, dem Kleinen ein paar Worte Deutsch beizubringen. Obwohl, ich könnte mir schon vorstellen, in der Pension wieder in Österreich zu leben.

Welchen Eindruck hatten Sie von Caorle in den 70er-Jahren?

Caorle war zu dieser Zeit ein richtiges Fischerdorf. In der Stadt gab es einen kleinen Laden für den täglichen Bedarf, Fische besorgte man am Fischmarkt und auch ein Obsthändler war in der Altstadt. Das Lebensgefühl war um einiges unbeschwerter und leichter. Der Tourismus war im Aufschwung und es kamen hauptsächlich Gäste aus Österreich und Deutschland. Fremde Saisonarbeiter gab es wenige.

... und heute?

Heute ist vieles anders. Wir haben Touristen aus ganz Europa. Viele Saisonarbeiter aus den ehemaligen Balkanstaaten kommen und eine Menge Geschäfte sind in chinesischer Hand. Sehr viel hat sich zum Positiven verändert. Viele alte Häuser wurden renoviert, mir fehlen aber die ganz kleinen, typischen Geschäfte von früher. Der Altstadtkern sollte um jeden Preis erhalten bleiben, aber ich denke, die Stadtväter sind ohnehin darum bemüht.

Man sagt, die Menschen in Caorle seien eigenwillig, verschlossen und nicht ganz so einfach?

Das kann ich nicht bestätigen. Mir gegenüber waren die Menschen hier sehr hilfsbereit, herzlich und aufgeschlossen. Ich war damals ja eine der ersten Ausländerinnen in Caorle und fand sofort Anschluss. Doch wie in jedem Land muss man als Gastarbeiter zu Beginn härter arbeiten, um akzeptiert zu werden. Ich war gezwungen, so rasch wie möglich die Sprache zu lernen, doch auch da waren mir die Familie meines Mannes und viele Freunde behilflich. Heute spreche ich den „dialetto caorlotto".

Gehen Sie ins Meer baden?

Eigentlich nie. Ich mag es nicht so gerne, wenn die Leute wie Sardinen am Strand liegen. Im Sommer muss ich hart arbeiten und meide die Sonne, weil sie mich müde macht.

Fühlen Sie sich noch als Österreicherin oder schon als Italienerin?
Selbst nach fast vierzig Jahren fühle ich mich immer noch als Österreicherin. Ich denke zwar italienisch, spreche italienischen Dialekt und manchmal vergesse ich sogar deutsche Worte, aber meine Herkunft kann ich nicht verleugnen.

Wir sind eine große Familie

Die Marafons gelten in der Stadt schon als Urgestein, Vitalina und ihr Mann Michelangelo betreiben seit Jahrzehnten ihr kleines, feines Familienhotel „Le Lampare" in erster Reihe am Meer. Die temperamentvolle Vitalina bringt Leben in die Stadt und sie erzählt begeistert über Caorle.

Grundkurs Caorle

Vitalina, was lieben Sie an Caorle?

Das Meer und die Menschen. Wir sind hier wie eine große Familie, die Touristen sind die Kinder, die wir lieben. Wir wollen, dass sich die Leute erholen, aber zugegeben, für Jugendliche kann es manchmal ein bisschen zu ruhig sein. Sie wollen lieber mehr Abendunterhaltung, da sind Lignano und Jesolo besser geeignet. Was ich besonders an Caorle mag, ist das Wasser. Es ist sauberer als an anderen Stränden, weil das Meer stärker in Bewegung ist.

Wie verbringt ihr Caorlotti den Winter?

Im Winter mag ich Caorle besonders, da fahre ich mit dem Rad alle Bikerouten ab. Einfach wunderschön, das ganze Gebiet gehört nur dir, das Meer, das Hinterland. Alle Geschäfte sind offen und am Wochenende ist die Stadt voll wie im Sommer. Die Leute trinken dann heiße Schokolade und gehen am Strand spazieren. Ohne Caorle könnte ich nicht leben. Wenn wir Caorlotti in der Früh aufwachen und den Campanile und das Meer nicht sehen, werden wir ganz trübsinnig.

Wie würden Sie jemandem Caorle beschreiben, der noch nie hier war?

Caorle hat ein gewachsenes Zentrum. In Lignano dagegen wurde fast alles neu gebaut und da sind nicht so viele Leute ansässig. Im Zentrum von Caorle ist allerdings nicht sehr viel Platz, die Jungen ziehen deshalb meistens nach draußen, da ist es billiger. In der Stadt leben eher die Älteren, die früher einmal Fischer waren. Interessant sind die verschiedenen Rhythmen der Stadt. Das langsame Erwachen in der Vorsaison, der Rummel im Sommer, und im Herbst sind wir wie Ameisen. Alles wird wieder entfernt, Schirme, Liegen etc. – genau so wie bei den Ameisen, die alles in ihren Bau transportieren. Faszinierend zu beobachten, wie sich eine ganze Industrie bewegt. Im September kehrt dann wieder Ruhe ein, da beginnt für uns die Zeit der Erholung.

Ist Caorle nur etwas für Sommertouristen?

Mai und September sind am besten, wenn wir schönes Wetter haben. Es ist günstiger und viel weniger Leute kommen. Auch der Oktober kann fantastisch zum Sonnen sein, man geht noch baden, das Wasser ist ganz klar und es kann sehr warm werden. In der Nebensaison ist auch das Meer ruhiger.

Wir vergessen die Tradition

Luca Manzini führt im hinteren Bereich der Spiaggia di Levante im Osten der Stadt sein „Hotel Garden". Lange Zeit war Manzini Präsident des Tourismusverbands von Caorle, die Entwicklung der Stadt beobachtet er kritisch.

Grundkurs Caorle

Wie sehen Sie die Entwicklung der Stadt?

Caorle hat eine angenehme Größe. Trotzdem glaube ich, dass wir das Touristenangebot in den nächsten zehn Jahren etwas reduzieren müssen. Wir sollten darauf achten, dass die Qualität erhalten bleibt. In Caorle sind derzeit zwei Tendenzen zu bemerken: es gibt Hoteliers und Restaurantbetreiber, die höhere Qualität suchen, und solche, die alles standardisieren wollen, alles soll gleich werden. Das ist ein Risiko. Wir vergessen dabei etwas unsere Tradition. Wir müssen uns auf die Basis besinnen, sonst werden wir wie Venedig. Die Leute wollen aber etwas anderes, sie suchen Persönlichkeit. Besser zehn Gäste, die wirklich zufrieden sind, als Tausend, die sagen: „Ja, war ganz okay."

Was mögen Sie besonders an Caorle?

Die Lagune und der Naturpark sind etwas ganz Einzigartiges. Und im Herbst ist das Wasser sehr sauber und klar. Manche Leute sagen: „Ja, in Kroatien und auf Sardinien gibt es ein klares Meer, in Caorle dagegen sieht man nicht einmal auf den Grund." Ich sage dazu: Chemikalien erzeugen auch klares Wasser, deshalb ist es noch lange nicht gut. In Caorle haben wir auf jeden Fall eine sehr gute Umweltsituation. Caorle ist der einzige Badeort an der Oberen Adria, in den man das ganze Jahr kommen kann, im Winter sind die Farben besonders schön. Am besten gefallen mir die kleinen Plätze in der Fußgängerzone. Die beste Ecke ist die Calle Lunga im Zentrum und der alte Friedhof gegenüber der Kirche Madonna dell'Angelo. Ein Naturschauspiel bietet sich am Ende des Oststrands, der Spiaggia di Levante, dort sieht man bereits in die Lagune, wo Süßwasser und Meerwasser zusammenfließen.

Und im Winter?

Da unternehmen wir lange Spaziergänge am Strand, nachher gehen wir in die Stadt auf einen Aperitif und genießen ein schönes Abendessen. Die Restaurants im Zentrum haben auch im Winter offen.

Den Broeto haben wir erfunden

Luca Faraon ist Chefkoch und Besitzer des „Il Carro", wohl das beste Restaurant von Caorle. Der sympathische Weltoffene liebt Pferde, innovative Küche, natürlich seine Frau, und die zwei Töchter, die er aus Sri Lanka adoptiert hat.

Warum Caorle?

Das Leben in Caorle ist ruhig, es gibt viele grüne Plätze, man hat das Meer. Es lebt sich gut hier und Tourismus gibt es gerade so viel, dass man damit gut umgehen kann. Vor allem in meinem Stadtteil hier, in Duna Verde. Die Gäste kommen schon seit Generationen.

Wie schätzen Sie das Niveau der Restaurants ein?

Die meisten bieten eine gute Küche, aber sie lassen sich keine Innovationen einfallen.

Was macht die *Cucina Caorlotta*, die Küche in Caorle, aus?

Natürlich ist der Fisch der Saison die Basis für die Küche. Und wenn ihr mich fragt, welches Gericht für die Küche in Caorle steht? Der Broeto, der Fischeintopf aus verschiedenen Sorten Fisch. Broeto aus Caorle ist typisch. Früher ein Arme-Leute-Gericht, aus Fischen, die nicht verkauft werden konnten. Auch in Grado kocht man den Boreto, wie er dort genannt wird, verwendet aber Wein statt Aceto und das Gericht ist eher eine Art Suppe. Der originale Broeto kommt aber aus Caorle, die Fischer von hier haben ihn erfunden.

Wie wird der typische Broeto gekocht?

Zuerst nehme ich die Meeresfrüchte, die eine längere Kochzeit brauchen – Meeresheuschrecken, Tintenfische, Kalmare. Etwas später kommen die anderen Fische dazu. Auch eine Menge Aceto und Tomatenkonzentrat sind wichtig. Insgesamt drei Stunden Kochzeit sind nötig. Zum Kochen verwende ich übrigens nur Olivenöl, früher war eher Sonnenblumenöl üblich, aber das ist doch kein Öl!

Man hört immer von der Überfischung der Meere. Wie ist die Situation in Caorle?

Früher gab es viel größere Fische und auch die Fangmenge hat sich verändert. Heute müssen wir einen Teil des Bedarfs mit Zuchtfischen abdecken, das ist die Wahrheit. Zumindest kommen sie aus dem offenen Meer aus unserer Umgebung und nicht aus Griechenland.

Ihr Tipp für Ausflüge?

In Duna Verde ist das Wasser besonders sauber und tiefer, gut für Schwimmer. Auch in Eraclea Mare kann man schön baden, viele Wälder laden zum Spazierengehen ein. Naturfans fühlen sich in Brussa wohl, circa dreißig Kilometer von Caorle entfernt. Ein sehr schöner, freier Strand ist dort, eine wilde Gegend, Natur pur.

Die Geschichte Caorles im Zeitraffer

Die Anfänge

Vom Ursprung bis zu den Barbaren

Venedig, Zentrum italienischer Kultur, globaler Magnet für jährlich Millionen von Touristen. Was ist da schon Caorle, möchte man glauben. Aber der Badeort hat der „Serenissima" etwas voraus. Caorle ist eine der ältesten Städte der Oberen Adria, selbst Venedig kann da nicht mithalten. Archäologische Funde zeigen es: sogar in der Bronzezeit – um 1500 v. Chr. – hat es bereits erste Ansiedelungen in der Gegend um San Gaetano gegeben, im Landesinneren, wenige Kilometer nördlich von Caorle. Erst vor einigen Jahren entdeckte man nur einen Meter unter dem Boden ein Pfahlbautendorf.

Einige Jahrhunderte vor der Geburt Christi ließen sich die römischen Legionen in Caorle nieder und errichteten ein Castrum. Dazu gehörte auch der Hafen des jetzigen Porto di Falconera (früher Portus Reatinum) bei der Lagune östlich der Altstadt, damals der wichtigste römische Hafen an der Oberen Adria. Caorle selbst besteht seit 40 v. Chr. und war früher als „Insula Caprulae" bekannt, was soviel wie „die Insel der Ziegen" bedeutete. Von der damals bereits bestehenden Stadt Julia Concordia wurde Caorle als Handels- und Kriegshafen gegründet. Römische Funde beweisen, dass Caorle damals auch die Insel Capritana, Petronia oder Caule genannt wurde. Somit ist erwiesen, dass die Stadt um einiges älter als etwa Venedig ist, das erst im Jahre 421 n. Chr. gegründet wurde.

Mit dem Fall des Römischen Reiches, dem Einfall der Barbaren unter Hunnenkönig Attila ab dem Jahr 452 n. Chr. und vielen weiteren Angriffen bis zum Jahr 667 setzte eine Völkerwanderung von Aquileia und Julia Concordia entlang des Flusses Flumen Reatinum, dem heutigen Lemene, in Richtung Lagune ein, um dort Schutz zu finden. Orte wie Padua, Julia Concordia, Oderzo, Altino und Aquileia wurden in Schutt und Asche gelegt. Die Bevölkerungszahl auf den naheliegenden Inseln wie Grado, Rivoalto, Equilio, Malamocco und Caorle nahm drastisch zu. Caorle wuchs zu einer der größten Städte Norditaliens heran. Man dachte daran, eine eigene „Patria Venecia" zu gründen, einen eigenen Staat mit Regierungssitz in Cittanova. 876 n. Chr. wurde Caorle sogar Bischofsitz.

Die versunkene Stadt

Wie sehr in Caorle die Vergangenheit mit der Gegenwart verbunden ist, zeigen neue Forschungsergebnisse. Kein Spaziergänger auf der Promenade würde es erahnen: wer auf dem Damm steht, der das Zentrum vom Meer trennt, und auf das Wasser schaut, wird Zeuge von Caorles bestgehütetem Geheimnis, denn mit freiem Auge ist nichts zu erkennen. Unter den Wellen, Dutzende Meter vom Ufer entfernt, liegt das vermutlich älteste Viertel der Stadt.

Lange Zeit hatte man darauf vergessen, aber alte Karten und neue Funde dürften dessen Existenz belegen. Konkrete Hinweise gaben zwei Ziegel, die ein Forscher aus diesem Gebiet ertauchte. Spezielle Ziegel, so genannte Altinelle, die nach Einschätzung der Experten von einer Mauer auf dem Meeresgrund stammen. Neben der Mauer fand man eine Terrakotta-Platte, die zur Abdeckung der antiken Häuser verwendet wurde. Besonders interessant sind die Entdeckungen aus dem Jahr 1997. Etwa einhundert Meter weiter draußen, wo jetzt Meer ist, gab es vor einigen Hundert Jahren Land, eine Flussmündung, eine Insel, einige Brücken, die Verbindung zum Zentrum Caorles waren, und Molen als Ankerplätze für Fischerboote. Längst ist die versunkene Stadt mit dem kleinen Hafen durch den gestiegenen Meeresspiegel von Wassermassen und Meeressand bedeckt.

Dieser Hafen war nur einer von insgesamt neun Häfen, die Caorle hatte. Die meisten existieren aber nicht mehr. Der bedeutendste war Portus Reatinum (heute Porto Falconera), der bereits 238 v. Chr. erwähnt wurde. Auf der rechten Seite des Kanals besteht noch heute ein antikes (restauriertes) Gebäude, das als Zollamt für den Warenverkehr diente. Der Hafen von Baseleghe ist noch unter seinem alten Namen bekannt. Er liegt jenseits des Gebiets des Valle Vecchia, in jenem Abschnitt von Meer und Lagune, der heute Caorle von Bibione trennt.

Der Hafen Tagliaventum befand sich an der Mündung des Tagliamento, heute bildet er die Grenze zwischen Friaul und Venetien, gehört aber nicht mehr zum Caorleser Raum. Voll erhalten blieb nur mehr der Innenhafen der Stadt, malerisch mit den bunten Kuttern und urigen Fischern, die den Geist einer traditionellen Lebensweise widerspiegeln.

Das Mittelalter

Caorles Blüte

900 n. Chr. verbündete sich Caorle mit Venedig, damit gewann Caorle als Handelshafen unter der Republik Venedig an Bedeutung und erlebte um die Jahrtausendwende seine Blüte. Die Beziehungen zur „Serenissima" waren eng, und sogar ein Doge stammte aus Caorle. Sebastiano Zini galt als sehr bedeutungsvoller Machthaber, der 1178 in das ehrenwerte Amt berufen wurde. Die Zinis hatten nach Einschätzung der Historiker „mehr Reichtum als die Republik Venedig" angehäuft, schließlich waren sie ausgezeichnete Seemänner und Kaufleute, die mit ihrem Handel im Orient großen Erfolg hatten. Mit der Stadt waren die Zinis sehr verbunden. Einige Zeit wohnten sie in Caorle. Wahrscheinlich wurde dort auch Pietro Zini, Sohn des Dogen Sebastiano, geboren und 1205 selbst zum Dogen gewählt.

Sinnbild für die wachsende Bedeutung Caorles war im Jahr 1030 n. Chr. der Bau des charakteristischen Kirchturms in der Altstadt. 48 Meter ragt das zylindrische Wahrzeichen Caorles in die Höhe. Heute ist der Turm so

schief, dass er sich vor seinem Kollegen in Pisa nicht verstecken muss, aber er steht sicher. Umgeben waren die Anlage und das Stadtzentrum von Mauern, die sich vermutlich dort befanden, wo jetzt der Außendamm mit der Promenade liegt. Der Wohlstand Caorles hielt allerdings nur wenige Jahrzehnte an, weil die Geschäftsleute nach und nach von Caorle in das bequemere und vor allem sichere Venedig zogen. Das Meer wurde von Piraten heimgesucht, häufig landeten sie auf ihren Raubzügen in Caorle, einmal drangen sie gar bis in das Innere von Venedig vor. Darüber berichtet die Episode über den Raub der Jungfrauen. Wahrscheinlich zwischen 932 und 950 entführten istrische Piraten die künftigen Bräute der venezianischen Adeligen und ihre kostbare Mitgift. Die Venezianer verfolgten die Piraten aber mit einigen Galeeren und stellten sie vor der Küste des Hafens Santa Margherita von Caorle. Die überraschten Räuber wurden überwältigt und die Bräute wieder zurückgeholt – auch dank der Caorlotti, die den Venezianern im Kampf zu Hilfe geeilt waren.

Besonders einschneidend in der wechselvollen Geschichte Caorles war die Verwicklung in den Krieg zwischen Genua und Venedig zwischen 1378 und 1381. Im August 1378 wurde Caorle verwüstet und viele Caorlotti nahm man als Sklaven gefangen. Eine von vielen Plünderungen, die Caorle über sich ergehen lassen musste. 847 kamen slawische Piraten, immer wieder triestinische Piraten, im Jahr 1283 fielen die Triestiner ein, später plünderten die Franzosen unter Napoleon die Stadt – es gäbe noch eine Menge derartige Vorfälle aufzuzählen.

Die Amazonen von Caorle

Nicht immer war Caorle wehrloses Opfer, mit Herz und Mut konnten sich die Bewohner manchmal auch helfen. Aus der Zeit des Mittelalters wird folgende Geschichte erzählt: Man schrieb das Jahr 1162 und in Italien herrschte Friedrich Barbarossa, der mit Aquileia militärisch verbündet war. Als Aquileia beschloss, Grado einzunehmen, kam die venezianische Besatzung von Caorle dem Nachbarort zwar rasch zu Hilfe, ließ Caorle aber gleichzeitig völlig schutzlos ohne Männer zurück. Treviso wollte sogleich die Situation ausnützen und Caorle kampflos erobern. Die Überraschung der Trevisianer war allerdings groß, als sie eine bewaffnete Truppe vorfanden, und sie kehrten mit leeren Händen wieder um. Die Historiker haben eine Erklärung dafür: die schlauen Frauen von Caorle hatten einfach die Kleider ihrer Männer angezogen und waren in die Boote gestiegen. Als sie dann den Feinden auch noch mit Stock- und

Ruderhieben entgegentraten, waren die Angreifer so verblüfft, dass sie sich von den Amazonen von Caorle zurückschlagen ließen. Es galt als kleines Wunder.

Ein anderes Wunder ereignete sich 1727, als Caorle nach einem schweren Sturm überschwemmt wurde, die Kirche Madonna dell'Angelo aber unversehrt blieb. Mehr dazu im Kapitel „Caorle entdecken". Nicht der einzige historische Sturm, der über Caorle hinwegzog. Die Chroniken des 16., 17. und 18. Jahrhunderts berichten von Pest, Malaria und Hungersnot. Im 19. Jahrhundert folgten die brutalen Herrschaften Napoleons und der Habsburger. Zahlreiche Objekte von künstlerischem und wirtschaftlichem Wert wurden von den Franzosen zerstört. Viele geflügelte Löwen an den Häusern, Wahrzeichen der Republik Venedig, fielen dem Machtanspruch der Franzosen zum Opfer. Während der Besetzung Venedigs im Jahr 1807 durch Napoleon Bonaparte gewährte der Bischof von Caorle 57 Bischöfen Unterkunft.

Caorle war zu der Zeit eine Art Mini-Venedig, leicht zu erkennen an den Gebäuden der Altstadt mit den typischen venezianischen Elementen. Sogar Kanäle verliefen durch die Stadt innerhalb der damals noch bestehenden Wehrmauern. Heute ist davon nichts mehr zu sehen, die Kanäle wurden zugeschüttet. Seit damals hat die Altstadt von Caorle ihr Aussehen aber kaum verändert, in der Fußgängerzone steht und geht man auf den originalen Plätzen mit Charme und Flair. Nach vielen wechselnden Herren wird Caorle 1866 endgültig Italien zugesprochen.

Aufbruch in die Gegenwart

Viele Sümpfe wurden trockengelegt und die Einheimischen bauten auf dem neugewonnen Land zahlreiche Bauernhöfe, die zu wichtigen Versorgern wurden. Der Aufschwung währte aber nur kurz, die zwei Weltkriege brachten auch über Caorle großes Leid und Armut. 1918 zeichnet der österreichische Offizier Fritz Weber in seinem Buch „Das Ende der Armee" ein tristes Bild: „Es ist fast Abend, als wir in Caorle anlegen. Der Ort ist, wie die gesamte Umgebung, armselig. Wenige unbedeutende, schmutzige Gässchen, die von farbig getünchten Häusern gesäumt sind. Nur die alte Kirche mit ihrem schönen romanischen Campanile ist ein Zeugnis für den Prunk und Reichtum, den in der Vergangenheit die Republik Venedig sogar bis hierher gebracht hat. In dem Ort treiben sich außer Soldaten einige Dutzend Kinder, Frauen und alte Leute herum. Man weiß nicht, wovon sie leben."

Oft war Caorle fast am Boden, unterkriegen ließen sich die Caorlotti nicht. 1911 eröffnete das erste Hotel im Ort. Ab 1935 wurden viele wichtige Gebäude erbaut, wie die Volksschule „Andrea Bafile", die Polizeikaserne, das Rathaus und das Gemeindezentrum. Zu dieser Zeit gab es noch über 300 Fischer in Caorle. Während des Zweiten Weltkrieges musste der Fischfang wegen der Bombardierungsgefahr allerdings eingestellt werden.

Am 10. Dezember 1943 beschloss das deutsche Kommando, die Felder im Umkreis von fünfzehn Kilometern unter Wasser zu setzen, um eine eventuelle Landung der Alliierten zu verhindern. Ganz Caorle hätte evakuiert werden müssen. Der damalige Pfarrer, Monsignore Felice Marchesan, pilgerte aber nach Venedig und bat die Deutschen, diese Katastrophe zu vermeiden – und er konnte sie überzeugen. Am 30. April 1945 schließlich verließen die deutschen Truppen Caorle. Die Opferbilanz war dennoch

Die Geschichte Caorles im Zeitraffer

29

nicht klein. Ein Großteil der der jungen Caorlotti musste auf den Schiffen und U-Booten der Regia Marina Militärdienst leisten. Viele junge Menschen verloren dabei ihr Leben. Tragisch auch der Unfall am Ende des Krieges, als zwei Fischerboote auf zwei Minen auffuhren und explodierten. Achtzehn Fischer kamen um, nur ein einziger konnte sich retten.

Und trotzdem: das Leben ging weiter. Langsam, aber doch stellte man die Weichen für den Fremdenverkehr, immerhin gab es 1950 mit dem „Petronia" und dem „Pellegrini" bereits zwei Hotels. Kurz darauf eröffneten die Pension Gallo und die Trattorien Al Cacciatore und San Marco. Gerade richtig für die ersten Touristenströme, Ende der Fünfziger wurde der Adriaurlaub zum Massenphänomen. Wirtschaftswunder und zunehmender Wohlstand ermöglichten es vor allem immer mehr Österreichern, das *Dolce Vita* zu genießen und dem Alltagstrott zu entfliehen. Mit Motorroller, per Eisenbahn und in den ersten Kleinwägen machten sie sich auf die Reise. Viele konnten sich ein Zimmer aber nicht leisten und bauten also ihr Zelt auf. Campingplätze gab es damals noch nicht, man stellte die luftigen Hotels einfach am Strand auf.

Ende der 60er-Jahre begann der unaufhaltsame touristische Aufschwung des kleinen Fischerorts. Die Infrastruktur von Porto Santa Margherita und Duna Verde jenseits des Flusses Livenza wurde ebenfalls verbessert, zusammen mit Caorle boten die Orte viele Freizeitmöglichkeiten für noch mehr Touristen. 1983 wurde Caorle zur Stadt erhoben. Ein Beschluss, der Caorle die Würde zurückgab, die es im Laufe seiner Geschichte verloren hatte. Heute lebt Caorle vom Tourismus. 600 000 Gäste und vier Millionen Nächtigungen pro Jahr machen Caorle zu einem der beliebtesten Seebäder an der Oberen Adria.

Geschichte im Überblick

181 v. Chr.	Römer gründen Aquileia.
42 v. Chr.	Gründung von Julia Concordia, heute Concordia Sagittaria.
40 v. Chr.	Caorle wird unter den Namen Caprulae von Oderzo und Concordia Saggitario gegründet.
49–50 v. Chr.	Gaius Julius Caesar ist Statthalter von Gallia Cisalpina; Verona entwickelt sich zum Zentrum des Veneto.
360–400 n. Chr.	Vorangetrieben durch den Mailänder Bischof Ambrosius breitet sich das Christentum im südlichen Alpenraum aus.
395	Teilung des Römischen Reichs, Norditalien fällt zu Westrom.
402	Einfall der Westgoten.
421	Gründung von Rivo Alto (dem heutigen Rialto/Venedig).
452	Einfall der Barbaren durch Hunnenkönig Attila, viele Menschen flüchten aus den Städten Aquileia und Concordia entlang des Flusses Lemene in Richtung Lagune.
476	Fall des Römischen Reiches.
500–600	Die heutige Kirche Madonna dell'Angelo wird in Caorle erbaut und dem Erzengel Michael geweiht.
568–774	Langobardenreich
639	Regierungssitz „Patria Venecia" der Inseln Grado, Equilo, Malamocco.
697	Venedig wählt einen Dogen als Oberhaupt.
774	Karl der Große erobert das Langobardenreich und schenkt dem Papst Venetien.

Die Geschichte Caorles im Zeitraffer

811	Regierungssitz wird mit dem Dogen Agnello Particiaco nach Venedig verlegt.
876	Caorle wird Bischofssitz.
900	Caorle verbündet sich mit Venedig.
1030–1070	Bau des Doms und des Kirchturms in Caorle.
1348	Erdbeben und Pest setzen Venedig und dem Umland schwer zu.
1378–1381	Krieg zwischen Genua und Venedig. Caorle wird verwüstet und mit „Feuer und Schwert" geplündert.
1380–1381	Sieg Venedigs über Genua und Unterzeichnung des Friedensvertrags.
1630	Pest in Italien. Die Bevölkerung wird um die Hälfte dezimiert.
1727	Caorle wird durch eine Überschwemmung fast zerstört.
1751	Wiederaufbau der Wallfahrtskirche Madonna dell'Angelo.
1796–1805	Napoleons Truppen fallen in Norditalien ein und besetzen 1797 Venedig. Wechselnde französische und österreichische Besatzung.
1807	Der Status einer Diözese wird Caorle aberkannt.
1818	Der Bischofssitz wird mit Venedig zusammengelegt.
1822–ca. 1900	Aufschüttung der Kanäle in Caorle aufgrund von Seuchengefahr.
1825–1866	Österreichische Herrschaft über Venetien.
1849–1871	Die nationale Einigungsbewegung Italiens, das „Risorgimento", ist im Gange. 1861 erfolgt die Proklamation des Königreiches Italien unter Vittorio Emanuelle II. Im Krieg mit Österreich 1866 gewinnt Italien Venedig, das Veneto

und den westlichen Teil Friauls zurück. 1871 ist die Einigung vorerst abgeschlossen. Rom ist Hauptstadt. Triest und die Küste bis Grado bleiben unter der Kontrolle Österreichs.

1858	Gründung der Fischereigesellschaft Caorle.
1911	Eröffnung des ersten Hotels in Caorle, das Hotel Petronia.
1915	Italien tritt gegen Deutschland und Österreich-Ungarn in den Ersten Weltkrieg ein.
1919	Ende der Habsburgmonarchie, die Provinzen Görz, Triest und Istrien fallen an Italien.
1921	Die ersten Holzkabinen werden am Strand von Porto Santa Margherita aufgestellt.
1922	Mussolini übernimmt die Staatsgewalt.
1930	Das Lagunenstück Valle Altanea (heute Marina 4 in Porto Santa Margherita) wird trockengelegt.
1935	Volksschule „Andrea Bafile" wird gegründet.
1940	Italien tritt in den Zweiten Weltkrieg ein.
1943	Caorle wird bombardiert. 12 Personen sterben.
1943	Caorle soll geflutet werden, um eine Landung der Alliierten unmöglich zu machen. Pfarrer Marchesan kann dies aber verhindern.
1944	Bombardierung des Doms von Caorle.
1946	Gründung der Republik Italien.
1960	Porto Santa Margherita entsteht, der Tourismus boomt.
1970	Das Feriendorf Duna Verde entsteht.
1983	Caorle wird zur Stadt ernannt.

Die Geschichte Caorles im Zeitraffer

Caorle entdecken

Dom und Kirchturm

Caorle ist eine Stadt mit großer Vergangenheit, sichtbares Zeichen dafür ist die glanzvolle Kathedrale. Bei Dom und Kirchturm packt man auf jeden Fall den Fotoapparat aus. Der *Duomo di Santo Stefano* wurde im Jahre 1038 errichtet, nur wenige Jahre später folgte der Bau des Kirchturms. Die Kathedrale ist damit sogar älter als der Markusdom in Venedig, denn die Dogen begannen mit dessen Bau erst 1063. Das Kirchengebäude in Caorle im vorromanischen oder lagunaren Stil misst heute ca. 41 Meter in der Länge und 23,30 Meter in der Breite. Vor dem Eintreten sehen Sie an den Seiten des Eingangs zwei ursprünglich byzantinische Basreliefs aus dem 12. Jh. Sie könnten von einem Bürger Caorles mitgebracht worden sein, als er von den Kreuzzügen nach Hause kam. Auf der linken Seite wird der Märtyrer San Agatonio in Bittinia, rechts San Guglielmo von Tolos dargestellt.

Wenn man den Dom betritt, fallen einem sofort die wuchtigen 18 Säulen und Pilaster auf, die durch harmonische Bögen in doppelten Reihen mit 9 pro Seite verbunden sind. Abwechselnd stehen Pfeiler aus Backsteinen und Pfeiler aus Marmor, einige mit Kapitellen im korinthischen Stil.

Weitere Schätze:

• Links nach dem Eingang beeindruckt ein großes Fresko aus dem Jahre 1500, das San Cristoforo darstellt. Dahinter steht die Holzstatue von San Rocco aus dem 18. Jh. Die beiden eingemauerten Gedenktafeln erinnern an die Weihe der Kathedrale durch Bischof Pietro Martire 1665 und an die Fertigstellung der Umschließungsmauern des Bischofgartens durch Bischof Pietro Carli 1490.

• Der Altar ist aus dem 1. Jh. n. Chr. Hinter dem Hauptaltar befindet sich die goldene Altartafel, einer der wertvollsten Gegenstände in der Kathedrale. Die kunstvolle Ziselierarbeit ist eine Komposition aus 6 kleinen Tafeln mit Darstellungen der Madonna, von Jesus, dem Erzengel Gabriel und einigen Heiligen. Einer Sage nach war die Tafel ein Geschenk von Königin Cornaro bei ihrer Rückkehr nach Venedig. Die zwei Schiffe der Königin gerieten vor der Küste Caorles in ein so heftiges Gewitter, dass eines der Boote unterging. Das Schiff mit der Königin an Bord wurde zwar entmastet und stark beschädigt, konnte aber wie durch ein Wunder anlegen. Caterina Cornaro blieb noch einige Tage in der Stadt, um sich vom Schreck zu erholen. Als Zeichen der Dankbarkeit schenkte sie Caorle das Altarbild.

• Sechs Tafeln aus dem 14. Jh. mit Darstellungen der Apostel.

• Das Gemälde „Abendmahl" des Malers Gregorio Lazzarini (1672).

• Das Bild „Jesus, der Petrus aus dem Wasser rettet" (16. Jh.) aus der Schule von Tiziano.

Eine der Hauptattraktionen steht gleich neben dem Dom: der zylinderförmige Kirchturm. Ähnlich wie sein großer toskanischer Bruder in Pisa ist er schief, immerhin mit einer Neigung von ca. 25 cm. Der Turm ragt 48 Meter in die Höhe, das Fundament besteht aus istrischen Steinblöcken, der Rest des Turmes aus Backsteinen. Man nimmt an, dass der Turm nur wenige Jahre nach der Fertigstellung der Kathedrale im Jahr 1070 errichtet wurde. Im 16. Jh. gab es bereits 4 Glocken, die auch als Nachrichtenübermittlung für Schiffe bei Sturm und Nebel benutzt wurden. In den ersten Jahrhunderten seines Bestehens wurde nachts auf dem Turm

auch ein Feuer angezündet, um den Schiffen die Küste zu signalisieren. Leider ist der Innenraum des Bauwerkes für die Öffentlichkeit gesperrt.

Für viele Maler, die in der Stadt zu Besuch sind, besitzt dieser Turm eine magische Anziehungskraft. Der Campanile drückt aber auch Leid aus. Viele erinnern sich an den Klang der Glocken, die zahlreiche Überschwemmungen verkündeten. Besonders schwer war die Flutwelle 1951 und die letzte am 4. November 1966. Die hohen Wellen waren so gewaltig, dass der Damm an fünf verschiedenen Stellen brach und ein Großteil der Stadt überschwemmt wurde.

Der Campanile hat übrigens einen Zwilling. Eine Kopie des originalen Turms steht in Südamerika. Der Glockenturm von Caorle wurde als Modell für den Campanile verwendet, der in der brasilianischen Stadt Silveira Martins in der Region Caxias steht. Man vermutet, dass ein Emigrant aus Caorle das Wahrzeichen der Lagunenstadt mit nach Südamerika in die neue Heimat nehmen wollte.

Neben Dom und Turm befindet sich auch das Museum, das durch den Pfarrhausgarten erreicht werden kann. Dort werden antike Reliquien aufbewahrt, unter anderem der Kopf des ersten Märtyers, des heiligen Stephanus.

Domführungen auf Italienisch:
Mo., Di., Mi., Do., Deutsch: Di., Treffpunkt jeweils 21 Uhr vor dem Dom
Kirchenmuseum, Öffnungszeiten:
Do. u. Sa. 20.30–22.30 Uhr, So. 10–12 Uhr, 20.30–22.30 Uhr, Eintritt frei.

Romantische Kirche
Madonna dell'Angelo

Wahrzeichen der Stadt, zentraler Ort für Gläubige und romantischer Treffpunkt für Liebespärchen. Die Madonna dell'Angelo ist aus den unterschiedlichsten Motiven Anziehungspunkt, obwohl die Kirche so klein ist.
Wegen ihrer exponierten Lage auf einem leichten Felsvorsprung direkt
am Meeresufer ist sie seit Jahrhunderten eines der bekanntesten Wahrzeichen Caorles und wahrscheinlich auch die meistfotografierte Kirche
an der Adria. Erbaut wurde sie, so schätzt man, im 6. oder 7. Jh. n. Chr. von
den Dorfbewohnern von Concordia Sagittaria, und wahrscheinlich viel
größer als die jetzige Kirche. Im 13. Jh. wurde der quadratische Glockenturm im romanischen Stil erbaut. Damit handelt es sich um das älteste
religiöse Gebäude von Caorle. Die Kirche wurde dem Erzengel Michael
geweiht und trug anfangs auch den Namen „San Michele Arcangelo".
Erzählungen nach erhielt sie ihren heutigen Namen, als Fischer eine Holzstatue der Jungfrau Maria im Meer treiben sahen. Da sie für die Fischer
zu schwer war, wurden die Glocken kräftig geläutet und mithilfe vieler
junger herbeieilender Caorlotti gelang es, die auf einem Marmorblock be-
festigte Statue aus dem Meer zu bergen. Nachdem man sie herausge-
fischt hatte, brachte man sie in die Kirche und nannte diese von nun an
Madonna dell'Angelo. Das allseits bekannte Ereignis ist auf einem
Deckenfresko der Kirche dargestellt.

Im Lauf der Zeit wurde diese Geschichte zur Legende und immer weiter
ausgeschmückt. So wird heute noch oft erzählt, dass die im Meer trei-
bende Madonna ein heller Lichtstrahl umgab. Eine andere Variante besagt, dass die Fischer nicht in der Lage waren, die Statue aus dem
Wasser zu holen und deshalb einen Priester zu Rate zogen. Dieser trom-
melte sogleich viele „seelenreine und sündenlose" Kinder zusammen, die
es zum Erstaunen aller schafften, die Madonna aus dem Wasser zu ziehen und in die Kirche zu tragen. Die Kirche wurde nach diesem Wunder
der hl. Madonna dell'Angelo geweiht. Die Fischer von Caorle ließen deshalb auch in Portogruaro eine kleine Madonnenkapelle direkt beim Fischmarkt am Lemene-Fluss errichten. Sie sollte damals wie heute den
Fischern gute Geschäfte bescheren.

Eine andere Geschichte rund um die Madonna ist in Caorle allgegen-
wärtig. Die Einwohner Caorles entschlossen sich, die Madonna für
Restaurierungsarbeiten zu versetzen. Jedoch kam sie – wie durch ein

Wunder – immer wieder in die Kirche zurück, so als ob sie jedem zeigen wollte, dass ihr Sitz nur in dieser Kirche und nirgendwo anders sein sollte.

Erzählungen zufolge ereignete sich ein weiteres Wunder im Jahre 1727. Caorle wurde von einer schweren Sturmflut überschwemmt. Viele Häuser waren zerstört und die Menschen von Armut geplagt. Die gesamte Lagune, aber auch die vielen Plätze und Gassen in der Stadt waren vom Wasser geflutet. Über 1,5 Meter stand die Kirche Madonna dell'Angelo unter Wasser. Schenkt man manchen Aufzeichnungen Glauben, sogar bis zum Giebelkreuz der Kirche. Jene des Historikers Flaminio Corner besagen aber, dass kein Wasser in die Kirche eindrang.

Durch die exponierte Lage am Meeresufer musste die Kirche häufig mit viel Geld renoviert werden. 1751 beschloss Bischof Francesco Trevisan Suarez deshalb, die beiden Seitenschiffe der Kirche abreißen zu lassen. So blieb nur noch das Mittelschiff übrig wie wir es heute sehen. Der Bischof führte die letzen Instandhaltungsarbeiten aus eigener Tasche durch und zu seinen Ehren wurde er im Jahr 1769 vor dem Altar beerdigt. Die Grabtafel aus Marmor erinnert noch heute daran.

In der Nacht des 31. Januar 1923 drangen Diebe in die Kirche ein, um den wertvollen Schmuck der Madonna zu rauben. Aus Versehen oder vorsätzlich ließen sie eine brennende Wachskerze auf die Tücher fallen, mit denen die Madonna abgedeckt war. Die Figur fing Feuer und wurde völlig zerstört. Das Entsetzen der Caorlotti war groß, aber sie entschlossen sich gleich, die Madonna erneuern zu lassen. Am 22. Juli desselben Jahres traf aus Venedig die neue Madonna ein, die von Schnitzern aus dem Grödner Tal speziell für Caorle angefertigt worden war. Hunderte von Fischerbooten fuhren der neuen Madonna entgegen und brachten sie in die Kirche.

Seit Mitte des 18. Jh. finden der Madonna zu Ehren Prozessionen in Caorle statt, die wohl größte davon zum Ende des Zweiten Weltkriegs. Der Zug führte durch die ganze Stadt, die Gläubigen hatten sogar Triumphbögen aus Zweigen und Blumen aufgestellt, insgesamt dauerte der Gottesdienst elf Stunden. Seit 1965 gedenken die Bürger der Stadt alle fünf Jahre, immer Anfang September, mit farbenprächtigen Kostümen und geschmückten Booten der wunderbaren Erscheinung aus dem Meer. Die Festlichkeiten dauern mehrere Tage an, und am Sonntag wird nach einigen Gottesdiensten gegen Abend die Madonna feierlich von zahlreichen Fischerbooten über das Meer zurück in die Kirche begleitet. Um dieser überaus andächtigen Prozession beiwohnen zu können, sollte man sich rechtzeitig seine Unterkunft sichern.

Zauber der Altstadt

Den Charme von Caorle machen nicht nur die romantischen Kirchen aus, das Herzstück ist zweifellos die atmosphärische Altstadt. Die Zeit scheint stillgestanden zu sein. Da hat einer den Malkasten ausgepackt, himmelblau, rosa, gelb, orange und grün, mit roten und blauen Fensterläden geschmückt, strahlen die historischen Bauten. Eng drücken sich die Häuser in den Gässchen aneinander, um den Winden aus dem Norden (Bora) und dem Süden (Scirocco) die Stirn zu bieten, jenen eisigen Winden, die vor allem im Winter wüten. Die hübschen Kamine verlaufen außen an den Wänden, oft sind sie mit Reliefs oder Madonnendarstellungen in kleinen Fenstern verziert. Fast jedes Haus hat Minibalkone, die mit Blumen in den Farben des Sommers geschmückt sind. Moderne Hochhäuser wie in den benachbarten Badeorten Lignano oder Jesolo fehlen hier.

Wie schon vor Hunderten Jahren spannt sich ein faszinierendes Laby-
rinth von engen Gässchen *(calli)*, kleinen Plätzen *(campielli)* und Seiten-
gängen über Caorle. Die Calle Lunga, die lange, enge Gasse im Zentrum,
die heute noch so wie vor Jahrhunderten aussieht, führt direkt vor den
Dom und ist die Hauptachse der Stadt. Ein Spaziergang in die Vergangenheit – man glaubt, in Venedig oder auf Burano zu stehen. Viele kleine
Elemente erinnern an die Dogenstadt: spitz zulaufende Fenster, Minibal-
ustraden, Markuslöwen und vieles mehr. Der Geruch von Pech, Netzen
und gesalzenem Fisch ist mittlerweile verschwunden. Viel wurde investiert und die Fassaden hat man frisch herausgeputzt.

Das Leben spielt sich hier im Freien ab. Wenn die Osterprozession durch
die Fußgängerzone zieht, scheint die Innenstadt zu brodeln. Touristen und
Einheimische aus dem Hinterland kommen und lassen sich das Spekta-
kel nicht entgehen. Im Sommer, zur blauen Stunde, wenn sich die Nacht
nach einem heißen Badetag wie ein kühles Tuch langsam über die Stadt
legt, schlendern Karawanen von Urlaubern und Einheimischen durch die
breite Fußgängerzone und in den einladenden Gastgärten feiern die Menschen „das Leben". Cafés, Bars, Restaurants, Kunstgalerien, Modege-
schäfte – alle nützen sie die Straßen und Plätze als luftige Bühne mit dem
Sternenhimmel als sanfte Beleuchtung. Ein reizvoller Gegensatz dazu ist
das neue Kulturzentrum „Andrea Bafile" auf der Piazza Matteotti vor der
Fußgängerzone, ein kühn geschwungener Bau in elegantem Weiß. In der
ehemaligen Volksschule ist jetzt Platz für Ausstellungen, Veranstaltungen, eine Bibliothek, das Touristenbüro und ein lässiges Design-Café.
Auch das Rathaus in der Via Roma wurde mit einer modernen Lösung von
Stararchitekt Paolo Portoghesi der Gegenwart angepasst. Gleich an-
schließend wurden eine neue Einkaufspassage und ein Komplex mit 38
Wohnungen gebaut.

Caorle war eine typische Lagunenstadt, ähnlich der großen Schwester Venedig. Wie in der Dogenstadt verlief auch in Caorle ein Kanalsystem. Die Stadt verteilte sich zu dieser Zeit auf insgesamt vier Inseln, mit vier Brücken über die Kanäle. Heute ist davon nichts mehr zu sehen. Das stehende Wasser war die Hauptursache für Malaria, die viele Opfer forderte, daher begann man 1822 mit der Aufschüttung der Kanäle. Bis Anfang 1900 waren die Arbeiten abgeschlossen und das Zentrum von Caorle erhielt sein Aussehen wie wir es heute kennen. Im Zentrum steht zumindest noch ein Name für diese Zeit: „Rio Terrà", das Wort Fluss (*rio*) verweist in eine Zeit, als hier noch Wasser floss, *terra* bedeutet Erde. Frei übersetzt heißt „Rio Terrà" also „mit Erde aufgeschütteter Fluss". Heute ist der Rio Terrà eine große Fußgängerzone mit Geschäften, Cafés und Bars. Man kann gemütlich bummeln und sich daran erinnern, dass hier bis vor zwei Jahrhunderten arme Fischer in ihren kleinen Booten unterwegs waren.

Buntes Treiben am Hafen

Caorle ist wohl der einzige der großen Badeorte an der Oberen Adria, wo die Traditionen noch so lebendig sind. Bestes Beispiel ist der Fischerhafen im Zentrum der Stadt. Ein Besuch lohnt sich auf jeden Fall. Vormittags ist der Hafen leer, weil die Fischer bereits vor dem Morgengrauen ausfahren. Erst am Nachmittag, wenn die bunten Kutter wieder einlaufen, kommt Leben in die Szenerie. Kisten über Kisten voller Fische, Muscheln, Krebse und Kalmare werden über die Kaimauer abgeladen. Während die Fischer

Preise verhandeln, kümmern sich die Matrosen um das Verankern der Boote. Manche packen einen Rost aus und braten für sich selbst ein paar fangfrische Fische auf dem Holzkohlegrill. Bei einem Spaziergang rund um den Hafen kann man die Männer dabei beobachten wie sie ihre Netze reparieren und die Boote wieder sauber machen.

Wie wichtig die Fischerei in Caorle immer war, zeigt ein Blick auf die Geschichte. Begonnen hat der organisierte Fischfang im Jahr 1439, als der Doge Francesco Foscari das „Privileg der Gewässer" sanktionierte und das Fischrecht Caorle in allen Lagunengewässern bis Bibione, Torre di Mosto, San Stino di Livenza, Concordia, Portogruaro und Latisana zuerkannt wurde. Damit wurde ein uraltes Recht bestätigt, allerdings mussten die Einwohner von Caorle einen jährlichen Pachtzins zahlen. Das Privileg währte jedoch nicht lange. Die Finanzlage der Republik Venedig war in Schieflage geraten, daher wurde 1690 der Großteil der Fischereigründe wieder zum öffentlichen Gut erklärt, außerdem waren die Flächen wegen Versumpfung und Sedimentation verlandet.

1858 gründete man in Caorle die Fischergenossenschaft, die erste überhaupt in Venetien. Die Genossenschaft sah laut dem Caorle-Experten Gianni Prevarin „die Reglementierung des Fischfangs im Stadtgebiet von Caorle vor". Den Fischern wurden Lizenzen ausgestellt und sie wurden „in Hinblick auf die Fischfangzeit und Fanggebiete, die Qualität der Netze und der Geräte kontrolliert". Die Gewinne aus der Fischerei wurden von der Genossenschaft verteilt, der Verband übernahm für die Fischer Verhandlungen mit Kunden und ging gegen Raubfischerei vor. Andere Städte, die in der Lagune Fischerei betreiben wollten, mussten als Entschädigung für die lokalen Fischer Steuern an den Verband abführen. Wirklich erfolgreich war das Projekt der Fischereigenossenschaft allerdings nicht, und so wurde es fast eineinhalb Jahrhunderte später wieder beendet. Die Fischgründe der Caorlotti, die Lagunengebiete der Valle Vecchia, sind mittlerweile an die Institution „Veneto Agricoltura" übergegangen. Heute läuft dort ein Programm zur Rückführung in ihre ursprüngliche Naturform. Für die Fischer sind diese Fischgewässer dadurch allerdings verloren gegangen, daher musste der Fischfang aufs Meer verlegt werden.

Der Fischfang ist nach dem Tourismus immer noch eine der wichtigsten Wirtschaftszweige Caorles. Damals wie heute laufen die Boote aus, die Fischer kommen mit ihrem Fang zum Markt und verkaufen ihn an die Händler. Wer dem Händler den höchsten Betrag ins Ohr flüstert, kann den Fang kaufen. Diese Vorgehensweise, genannt „die geheime Auktion", ist bis heute üblich. Bis zum Jahr 1966 befand sich auf dem Platz vor der „Taverna Caorlina" am Hafenkanal eine Werft, in der Boote gebaut und re-

pariert wurden. Sie wurde aber verlegt, genauso wie die Fischhalle der Fischereigenossenschaft, die sich seit 2009 in Umbau befindet. In die alte Halle am Hafen sollen Geschäfte und Wohnungen einziehen. Der neue Fischgroßmarkt wird voraussichtlich gegenüber, auf der Fläche des ehemaligen Busbahnhofes, entstehen.

Wie so viele traditionelle Gewerbe hat auch der Fischfang mit neuen Verordnungen und Reglementierungen zu kämpfen. Im Juni 2010 machten sich daher über 200 Fischer mit ihren Fischkuttern nach Venedig auf, um gegen die neue Fischfangverordnung der EU zu protestieren. Sie umschließt ein Fangverbot innerhalb von drei Meilen vor der Küste und besagt, dass die Maschenöffnung am hinteren Ende des Schleppnetzes mindestens 40 Millimeter betragen muss. Dies würde das Aus für die in Caorle typischen Kleinfische wie *moscardini*, Sardellen und *calamaretti* bedeuten. Und das nicht nur in Caorle, sondern generell an der Adria und auch in den Fischereihochburgen Chioggia und Pellestrina. Würde das Gesetz umgesetzt werden, so gäbe es in Caorle künftig nur mehr „frischen Fisch aus Kroatien", weil man sich dort nicht an dieses Gesetz halten muss. An einer Lösung wird noch gearbeitet.

Naturjuwel Lagune

Die meisten Badeurlauber würden es nicht vermuten, wenn sie sich auf den beiden Stränden aalen: Caorle hat eine der faszinierendsten Naturlandschaften Norditaliens, nur wenige Autominuten vom Zentrum entfernt. Die Lagune von Caorle ist heute nahezu unbewohnt und Heimat einer reichen Pflanzen- und Vogelwelt. Obwohl große Flächen der Lagune trockengelegt wurden, gibt es immer noch zahlreiche Vogelarten und gut erhaltene Fischerhütten zu sehen.

Frühaufsteher können die einzigartige Tierwelt erleben. Einfach an einem Sommertag früher aus den Federn und irgendwo in der Lagune ruhig warten. Man hört die ersten Schreie der Reiher und Möwen, die ihre Rundflüge starten. Krickenten bewegen sich im Schilfrohr und tauchen im Brackwasser nach Futter. Das Morgenlicht richtet den Spot auf die schlanken Pinien an der Küste der Valle Vecchia und die *casoni*, die traditionellen Fischerhütten. Wenn man Glück hat, bekommt man einen der wenigen Fischer zu Gesicht, wie er sein kleines, plattes Ruderboot aus dem Cason schiebt, um die Netze einzuholen, die er in der Nacht ausgelegt hat.

Zu Beginn des 20. Jahrhunderts wurde das unmittelbare Hinterland von Caorle radikal umgestaltet. Der Großteil der Wälder in der Umgebung wurde abgeholzt, um Platz für neue landwirtschaftliche Flächen zu gewinnen. Sümpfe wurden trockengelegt, Wassergräben und Rinnen beseitigt, das Küstengebiet dagegen verändert sich immer wieder ganz von selbst durch Aufschüttungen und Erosionen. Im Osten von Caorle, angrenzend an Lignano, findet man heute noch das Vallesina, ein 600 Hektar großes Lagunengebiet, das sich zwischen den Delta-Auen des Tagliamento gebildet hat. Weiter nördlich befindet sich die Lagune Valle Zignano und das berühmte Valle Grande, wo auch Ernest Hemingway einige Zeit verbrachte. Fährt man entlang der Küste Richtung Südwesten, kommt man nach Eraclea Mare mit seinem großen Pinienhain. Ideal zum Spazieren oder Fahrradfahren auf den zahlreichen Naturwegen, die bis in die Lagune del Mort führen, ein beliebtes Ausflugsziel für Naturliebhaber. Weiter westlich Richtung Jesolo erreicht man den Fluss Sile, das Naturschutzgebiet Oasi Naturale di Trepalade und die Lagune von Venedig.

Unmittelbar bei Caorle, direkt nach der Spiaggia di Levante (Oststrand), liegt das Valle Vecchia, eine 700 Hektar große Insel zwischen Caorle und Bibione. Um dorthin zu gelangen, muss man allerdings den Umweg über das Landesinnere machen. In einem neuen Projekt versucht man nun, die alte Landschaft wiederherzustellen und legte deshalb 20 Kilometer Feldhecken, 170 Hektar Wald und 60 Hektar Feuchtgebiet an. Gemeinsam mit einem unberührten Strand, einem üppigen Pinienhain und den verstreuten Sanddünen sind diese Flächen wieder wichtiger Lebensraum für seltene Tier- und Pflanzenarten, darunter auch Meeresschildkröten, die hier noch immer ihre Eier ablegen. Bis auf einen Parkplatz mit *Area di Sosta* (wo man kurz rasten sowie Duschen und Toiletten benützen kann) gibt es keine touristischen Einrichtungen, dafür wird man mit unberührter Natur abseits vom Rummel belohnt. Ein beschilderter Lehrpfad erklärt die Flora, vom alten Pinienwald bis zum Dünenbewuchs. Zu erreichen ist das Valle Vecchia auf einer 15 Kilometer langen Zufahrt, die von einer Straße nach San Michele al Tagliamento abzweigt, hinter Brussa in eine Schotterstraße übergeht und auf einem Parkplatz endet. In Brussa kann man auch das neue, durchaus interessante Ökomuseum besuchen. Reliefmodelle und interaktive Kunstwerke lassen uns in die faszinierende Welt des Valle Vecchia eintauchen.

Ökomuseum: Museo Ambientale di Valle Vecchia in Brussa, Via Dossetto 3 (Tel.: +39 041/93 20 03 od. 329/476 05 43, limosa@limosa.it, www.limosa.it).

Fahrradverleih Valle Vecchia: Mountainbikeverleih direkt am Parkplatz (April bis September). Infopoint und Imbiss im Cason (Fischerhütte). **Info:** Tel.: +39 0421/27 58 55, 348/410 24 04, info@coopape.it

Sehr schön ist eine gut zweieinhalbstündige Lagunenfahrt mit dem Ausflugsboot Arcobaleno (April bis September) oder mit dem Bragozzo Serenissima, einem typischen Lagunenboot, das sich vor allem für die seichten Wasserkanäle bestens eignet. Diese magische Komposition aus Wasser, Schilf, Inselchen, Sonne und Meeresbrise ist am angenehmsten vom Schiff aus zu genießen. Der Lagunenpark ist auch mit dem Schiff Lunardo erreichbar, das wöchentlich im Hafen Falconera abfährt. In Valle Vecchia kann man den 12 Kilometer langen Naturlehrpfad, bestückt mit informativen Hinweisschildern, erkunden. Auch nach Venedig gibt es eine Bootsverbindung. Das Schiff Caorle fährt entlang der Küste in die „Serenissima" und legt nach zwei Stunden Fahrt nahe der Piazza San Marco an.

Auch ohne Boot kann man den Beginn des Valle Vecchia bewundern, am östlichen Ende von Caorle im Ortsteil Falconera. Von hier aus genießt man bei einem guten Abendessen in einem der Fischrestaurants in der Via dei Casoni einen tollen Blick auf die Lagune.

Genauere Informationen und Karten in der Broschüre „Guida Turistica", erhältlich im Touristenbüro.

Trips in die Lagune:

Ausflugsboot Motonave Arcobaleno:
Mo. bis Fr. Abfahrt 9 Uhr, Rückkehr 11.30 Uhr, Mo. bis So. Abfahrt 14.30 Uhr, Rückkehr 17 Uhr, auch Nachtexkursionen. Von Mo. bis Fr. auch Ausflüge nach Venedig (Abfahrt Caorle 8 Uhr, Venedig Rückfahrt 16 Uhr), Abfahrt im Fischereihafen, Tel.: +39 338/916 01 51, +39 347/482 09 12, www.motonavecaorle.com

Ausflugsboot La Serenissima (täglich bei Voranmeldung):
Abfahrt 9 Uhr, Rückkehr 11.30 Uhr, Mo. bis So. Abfahrt 14.30 Uhr, Rückkehr 17 Uhr, Abfahrt vom Canale Saetta (in der Nähe des Stadions), Tel.: +39 348/323 68 01, +39 349/217 24 17

Motonave Lunardo:
Ausflug in den Lagunenpark Valle Vecchia mit dem Boot und begleitete Fahrradtour von Juni bis September jeden Dienstag, nach Voranmeldung beim Hotelverband Caorle. Abfahrt ab Hafen Falconera 16 Uhr, Rückkehr 19 Uhr, Tel.: +39 333/740 95 74, www.bluverderame.it

Fischen auf offener See:
Agentur Adria Club Charter, Ausflugsfahrten zum Fischfang im Meer. Abfahrt täglich vom Fischerhafen von Caorle bzw. Porto Santa Margherita. Die Ausflüge werden von Fachpersonal begleitet, Voranmeldung nötig. Tel.: +39 338/758 90 87

Bootsverleih:
Verschiedene Motorboottypen und Segelboote ohne Bootsschein. Tel.: +39 389/054 97 16, www.altoadriatico.it

Romantische Fischerhütten

Noch vor gut 300 Jahren war die Lagune Lebensgrundlage für die Caorlotti, praktisch jeder Einwohner lebte damals vom Fischfang in dieser urtümlichen Landschaft. Ein Bericht von Caorles Bischof Domenico Minio aus dem Jahr 1690 zeigt, welche Bedeutung die Lagune vor einigen Jahrhunderten noch hatte. „Alle Einwohner des Ortes sind Fischer", schrieb er, „nur an den Feiertagen halten sie sich in der Stadt auf, während der Woche arbeiten sie auf ihren kleinen Booten in der Lagune und leben in ihren Schilfrohrhütten."

Was heute noch von dieser Welt übrig ist? Nicht mehr viel. Alte verblichene Fotos in Familienalben oder an den Wänden der Wirtshäuser sind erhalten geblieben. Genauso wie die Casoni, aber nur wenige Lagunenfischer nützen die alten Fischerhütten heute noch. Bis vor 50 Jahren zogen viele Fischerfamilien in die Lagune, um von September bis Dezember dort zu bleiben. Einige Hütten kann man in Falconera, zum Beispiel in der Via dei Casoni, sehen oder auf einer der einsamen Inseln in

der Lagune. Viele Casoni sind mittlerweile den modernen Bedürfnissen etwas angepasst worden, um sie bewohnbarer zu machen, aber man kann sich das raue Leben in diesen einfachen Behausungen dennoch gut vorstellen.

Für den Bau eines Cason suchten sich die Fischer eine *„sopa"*, eine Erd-scholle, die einige Meter aus der Salzwiese emporragte. Meist war aber die *sopa* zu wenig hoch, um von den Fluten nicht überschwemmt zu wer-den. Daher wartete man bis Ende Februar, wenn der Wasserstand am niedrigsten war. In den neu „aufgetauchten" Gebieten grub man dann nach Schlamm, um die *sopa* zu erhöhen. Den Sommer über konnte die Schlammmasse trocknen. Im September begann man mit dem Bau der Hütte – aus einigen Stützbalken aus Holz, einem Dach und Wänden aus Schilfrohr und einer Tür, die immer nach Westen ausgerichtet war, weil von Osten die eisige Bora weht. In der Mitte gab es eine Feuerstelle, einen *fogher*, Wärmequelle und Kochstelle in einem. Der aufsteigende Rauch wurde durch das Schilf auf dem Weg nach draußen gefiltert. Die Rauchstoffe bildeten eine Fettschicht, die Regen abwies.

Der Erdboden in der Hütte war immer kalt und feucht. Das sorgte bei den Bewohnern zwar für kalte Füße, einen positiven Nebeneffekt gab es trotz-dem: aufgrund der kalten Luftmasse stieg der Rauch nach oben und wurde ins Freie befördert. Schlimm wurde es nur, wenn der Scirocco blies und Niederdruck verursachte. Dann konnte der Rauch nicht abzie-hen und im Inneren der Hütte bildete sich dicker Qualm. Man kann sich vorstellen, wie oft ein Cason gebrannt hat, die Baumaterialien waren schließlich hochentzündlich.

Gefischt wurde nur in der Lagune, da die Boote für das offene Meer viel zu klein waren. Das bekannteste Fischerboot war das „Caorlina", ein ro-bustes Boot zwischen 5 und 7 Metern Länge. Andere wiederum bevor-zugten das etwas kleinere und viel leichtere „Batea", das mit gekreuzten Rudern vorangetrieben wurde. In der heutigen Zeit sieht man es immer noch, allerdings wird es mit Außenbordmotor verwendet. Das weitaus größere „Bragosso" war mit seinen 12 bis 14 Metern und einem oder zwei Masten für robuste Segel an der gesamten Adria verbreitet. Erst in den 1930er-Jahren, als die mit einem Explosionsmotor ausgestatteten Bra-gozzi kamen, verschwand es wieder. Heute gibt es in Caorle nur noch wenige traditionelle Schiffe mit bunten Segeln, sie liegen vorne im Fi-scherhafen von Caorle. Auch die Casoni werden nur mehr zu folkloristi-schen Zwecken genützt und mit viel Liebe immer wieder restauriert und renoviert.

Das harte Leben der Fischer

Für die Fischerfamilien war der Alltag hart und entbehrungsreich. Mario Rossetti, der früher als Fischer arbeitete, beschreibt in dem Buch „Caorle, Poesie und Lagunengeschichten" seine ersten Erfahrungen. Als Siebenjähriger begann er bereits zu arbeiten, für die Schule blieben nur wenige Monate. „Das Leben in der Fischerhütte gefiel mir nicht und die Schule interessierte mich auch wenig. Was mir aber sehr fehlte, waren die Freunde und die Spiele auf den Plätzen von Caorle. Der Eintritt in die Lagune war, als ob man vom Jugendalter sofort ins Erwachsenenalter wechseln würde." Für die Jugendlichen gab es keine Pause. Fische fangen, Netze reinigen, Boote waschen und am Abend auch noch die Teller spülen, das war die tägliche Routine. „Der Tag begann im Morgengrauen und das Frühstück bestand aus den am Vorabend übrig gebliebenen Polentascheiben. Dann fuhren wir zum Fischen und kehrten erst am späten Nachmittag wieder zurück. Die Fischer kümmerten sich um die Geräte, jemand bereitete das Abendessen zu und der Jüngste musste das Boot waschen. Abwechselnd mit einem anderen Jungen reinigte ich die Boote. War ich an der Reihe, wurde ich erst fertig, als die Älteren bereits das Essen beendet hatten. Ich setzte mich dann zu Tisch und aß schnell und leise vor mich hin, um die alten Fischer nicht zu stören, die sich bereits schlafen gelegt hatten."

In den wenigen Augenblicken, da Mario nichts zu tun hatte, schickte ihn sein Vater zum Sammeln von wildem Spargel oder er musste zu den Bauern der Umgebung gehen, um Fische gegen Eier, Käse und Würste zu tauschen. „Wahrscheinlich war es mein Alter oder mein melancholischer Blick, dass die armen Leute mit mir Mitleid hatten und so kam ich meist mit mehr Waren in die Fischerhütte zurück, als ich mitgenommen hatte."

Ein paar Mal wäre der Junge fast ertrunken und die Füße lief er sich immer wund, weil er keine Schuhe hatte. „Ich erinnere mich, dass ich jeden Abend weinte, weil ich nach Hause wollte." Samstags durfte man endlich nach Hause, also in die Altstadt von Caorle fahren. Sonntags, nach der Messe, traf man sich in der Bar, wo das Wochengehalt aufgeteilt wurde. Ein Mann bekam einen ganzen Teil, der Junge nur ein Achtel. „Ich musste mehr als zehn Jahre arbeiten, um einen ganzen Teil zu erhalten. Die Aufteilung des Gehalts war der schönste Moment in der Woche, aber am Montag erwartete mich wieder die traurige Reise in die Lagune." Erst später lernte Mario mit diesem kargen Leben umzugehen. „Ich musste erwachsen werden, um das zu verstehen und diese Welt lieben zu lernen, die jetzt immer kleiner wird. Und ich fürchte, dass wir sie verlieren werden."

Caorle entdecken

Ernest Hemingway –
ein Freund der Lagune

„Vier der Boote fuhren weiter die Hauptfahrrinne hinab der großen Lagune im Norden zu. Ein fünftes Boot war bereits in eine Nebenfahrrinne abgebogen. Jetzt bog das sechste Boot südwärts in eine Lagune ein, wo die Eisschicht noch nicht aufgebrochen war."

Ernest Hemingway, Über den Fluss und in die Wälder

Es war Ende der 1940er- oder Anfang der 50er-Jahre. Ein Lancia Aurelia B21 fuhr in Caorle vor und hielt vor einer Bar in der Rio Terrà. Autos waren damals kaum zu sehen, schon gar nicht so eine große Limousine. Kein Wunder, zog die Inszenierung sofort eine Menschenmenge an, die das Gefährt aus der Zukunft und den großen, starken Fremdling mit weißem Bart bestaunte. An diesen Auftritt Ernest Hemingways erinnert man sich noch heute lebhaft. Immer wieder kam „Ernest, der Amerikaner", wie er genannt wurde, nach Caorle und unterhielt sich gerne in einer Bar mit den Einheimischen.

In der Lagune von Caorle war Hemingway oft Gast seines Freundes Baron Raimondo Franchetti in San Gaetano, einem Dorf wenige Kilometer von Caorle entfernt. San Gaetano war zwischen 1930 und 1950 wegen der Jagden berühmt, die bekannte Persönlichkeiten wie Henry Fonda oder eben Ernest Hemingway anlockten. Im Ort erinnern sich die alten Leute heute an die Feste, die der Baron mit den Berühmtheiten feierte.

Franchetti und Hemingway hatten sich in Venedig kennengelernt und besuchten gemeinsam Lokale wie Harry's Bar und die Locanda di Torcello. Gegen Ende der 40er-Jahre lud Franchetti Hemingway wiederholt in sein Jagdhaus ein, das noch heute in der Lagune von Caorle steht. Obwohl der Schriftsteller ein schlechter Schütze war, bereitete ihm die Entenjagd viel Spaß. „Er war kein großartiger Jäger. Er ermüdete rasch. Als ich ihm die getöteten Vögel brachte, reihte er sie auf, streichelte sie und war bei ihrem Anblick entzückt. Anschließend nahm er Papier und Stift und schrieb bei seinem Whisky", schilderte ihn ein Jagdfreund, der aus Caorle stammende Fiorindo Silotto.

Inspiriert von den Erlebnissen in der Lagune entstand in dieser Zeit das Werk „Across the River and into the Trees", das 1949 in den Staaten veröffentlicht wurde. Das Buch ist in deutscher Sprache unter dem Titel „Über den Fluss und in die Wälder" erhältlich. Erzählt wird die Geschichte von einem alten amerikanischen Oberst, der die Schrecken zweier Welt-

kriege überlebt hat, und dessen unmöglicher Liebe zu einer jungen, wunderschönen Venezianerin. Der schwerkranke, sterbende Oberst rekapituliert sein Leben, seine Frauen und den Krieg. Im Mittelpunkt steht die unbändige Liebe, die er und die leidenschaftliche Kindfrau füreinander empfinden. Das Buch beginnt mit einer Entenjagd in der winterlichen Lagune. In seinem einfachen und klaren Stil erzählt Hemingway vom venezianischen Leben, inspiriert von seinen Aufenthalten in der Lagune von Caorle. Die Stadt war und ist stolz darauf, in seinem Roman erwähnt zu werden. Ausdrücklich werden die Bewohner Caorles als „sehr stark" beschrieben, „die mit viel Geschmack bauten".

Erst 1960 wurde der Roman in italienischer Sprache mit dem Titel „Di là dal fiume e tra gli alberi" veröffentlicht. Zu diesem Zeitpunkt war Hemingway bereits ein berühmter Schriftsteller, Pulitzer- und Literaturnobelpreisträger. Nur ein Jahr später war sein Leben zu Ende. Hemingway war psychisch krank und nahm sich 1961, so wie bereits fünf Familienmitglieder aus drei Generationen vor ihm, das Leben. Im Jahr 1999 huldigte man in Caorle dem Schriftsteller zu seinem 100. Geburtstag. Die Villa Franchetti in San Gaetano und das Jagdhaus in Valle Grande, dem sehr flachen Abschnitt in der Lagune, waren an diesem Tag den Besuchern geöffnet.

Die Highlights des Sommers

Der schönste Spazierweg der Oberen Adria

Er gehört einfach dazu zu einem „richtigen" Caorle-Urlaub: ein Spaziergang auf dem Schutzdamm über einen Kilometer am Meer entlang bis zur Spiaggia di Levante im Osten. Der Ausblick von oben auf das Meer ist wohl einzigartig und am Ende des Weges wird das kleine Kirchlein Madonna dell'Angelo bei Sonnenuntergang zur realen Postkartenlandschaft.

Die Geschichte des Damms reicht weit zurück. Ursprünglich wurde er zum Schutz des Fischerdorfes vor dem Meer gebaut, möglicherweise auf den Ruinen der zweiten Gürtelmauer. Im Mittelalter hielt diese nicht nur Flutwellen ab, sondern war auch ein Verteidigungswall gegen Piraten und feindliche Truppen. Die erste schriftliche Erwähnung der Mauer ist für

das Jahr 1345 nachweisbar, der innere Gürtel des Verteidigungsrings wurde gegen 1600 wieder niedergerissen. Recycling war übrigens schon damals üblich, in einem Dokument von 1665 wird vorgeschlagen, die Steine der alten Mauer wiederzuverwenden, um ein Altersheim für die Kapuziner zu bauen.

Ein paar Meter weiter unten, auf gleicher Höhe mit dem Meer, wurde eine breite Promenade angelegt. Das Besondere sind die aufgeschütteten Felsen, in den 1980er-Jahren zum Schutz vor den Wellen als künstliches Felsenriff angelegt. Auch noch so hektische Spaziergänger spüren es sofort, diese Steine haben Persönlichkeit. Die Felsen aus weißem, istrischem Kalk sind gemeißelte Kunstwerke, die diesen Küstenstreifen in eine Kunstgalerie unter freiem Himmel verzaubert haben. Ergebnis der Arbeit von Dutzenden Bildhauern aus aller Welt, die sich alle zwei Jahre im Juni in Caorle versammeln und sich immer neue Steine vornehmen. Die Passanten werden dann Zeugen der Schöpfungsakte, wenn die Künstler – von kleinen Wolken aus Steinstaub eingehüllt – hämmern, klopfen und fräsen.

Begonnen hat alles 1993, als die Stadt zum ersten Kunstwettbewerb „Scogliera Viva" an der Strandpromenade aufrief. Wunderbare Figuren sind seitdem entstanden. Der überdimensionale Mund mit Nase, der Frosch, der Delphin, die Ecke des Poeten mit aufgeschlagenem Buch, das galoppierende Pferd, der Verrückte, ein Mann, der einem Ertrinkenden die Hand reicht und noch viel mehr Schöpfungen. Zum Glück ist dieser Küstenabschnitt lang, unbearbeitete Felsen gibt es noch genug.

Paradiesstrand mit Pudersand

Wie eine goldene Sichel leuchtet der Strand am Morgen, wenn sich der Dunst hebt. Scheinbar unendlich lang räkelt er sich, bedeckt mit Sand fein wie Puder. Eines ist klar: um einsam zu sein, kommt man nicht hierher, aber es lässt sich königlich faulenzen und die quietschende Spaßgesellschaft im Wasser beobachten. Ideal für Abenteurer, die auf die „große Welle" warten und in Caorle schon mal üben wollen. Einfach bäuchlings auf die Luftmatratze legen, die Hände als Ruder in den Sand stecken und abstoßen. Das gibt eine leichte Vorahnung von Hawaii, und nebenbei kann man die Kinder beaufsichtigen. Aber so flach wie der Strand Hundert Meter vom Ufer entfernt ist, kann (außer bei Sturm) ohnehin nicht viel passieren. Eine ideale Familienbadewanne. Vor allem für Kinder perfekt, wo sonst haben sie eine 18 Kilometer lange Sandkiste? Und die Wasserqualität ist bestens. Seit Jahren bekommt Caorle die „Blaue Flagge", eine Auszeichnung für die gute Qualität von Wasser und Strand.

Vom Oststrand bis Duna Verde im Westen tummeln sich Sonnenhungrige und Badefreunde. Im Jahr 1940 war der Küstenabschnitt zwischen dem Fluss Livenza und dem Kanal Nicesolo noch eine unberührte Naturschönheit, bedeckt von Sanddünen und einem Pinienwald. In den 50er-Jahren musste der Pinienwald aber zuerst auf dem West-, später auf dem Oststrand, dem Badetourismus weichen, was nicht zum Schaden für Caorles Tourismus war.

Am Oststrand (Spiaggia di Levante) stehen vor allem Hotels, aber wenige Ferienwohnungen und Geschäfte. Der Sandstrand ist fein, sauber, besonders breit und der Ausblick reicht bis Bibione. Am östlichen Ende gibt es einige Campingplätze und die Ortschaft Falconera, in der eine ganze Reihe von empfehlenswerten Fischrestaurants lockt. An den Wochenenden kommen etliche Segler und frönen ihrem Hobby. Vor allem im Herbst, wenn die Winde stärker blasen, wird das Meer hier zum Surferparadies.

Am Weststrand (Spiaggia di Ponente) findet man zahlreiche Hotels und Ferienwohnungen. Beachvolleyball- und Bocciaspielplätze sind vor allem für Familien und Sportler ideal. In den dahinterliegenden Straßen, der sogenannten „zweiten Reihe", geht man auf Shoppingtour in den vielen Geschäften und einem Coop-Lebensmittelmarkt in der Viale Santa Margherita. Am westlichen Ende des Strandabschnitts befinden sich der größte Campingplatz von Caorle und eine riesige Wasserrutsche für Kinder.

In der Hauptsaison sind die Strände mit kostenpflichtigen Liegen und Schirmen belegt, vor den Liegen in erster Reihe kann man sich auf seinem Badetuch aber auch sonnen, ohne zahlen zu müssen. Hotelgäste bekommen einen Liegeplatz meistens gratis. Ein Tipp ist auch der letzte, kostenlose Strandabschnitt auf der Spiaggia di Levante im Osten. In der Nähe der Lagune und der Campingplätze (Via dei Casoni) gibt es keine Hotels und der Strand ist frei zugänglich. In der Vor- und Nachsaison, wenn der Sand noch nicht voll mit Sonnenschirmen ist, gehören alle Strände ohnehin Spaziergängern, Joggern und Liebespärchen.

Segelmekka
Porto Santa Margherita

Im westlichen Teil Caorles, Richtung Venedig, beginnen der Lido Altanea und Porto Santa Margherita mit einem eigenen Strandabschnitt, der an den Privatstrand des Feriendorfs Prà delle Torri mit dem Golfplatz angrenzt. Eine junge Stadt – im Jahr 1960 entstand das Nautik- und Feriendorf nach damaligen architektonischen Idealvorstellungen. Wo früher Viehzucht betrieben wurde, stehen heute Bungalows, Einfamilienhäuser und Ferienwohnungen für die vielen bootbegeisterten Freizeitsportler. Bei der Stadtplanung wurde auf ein ausgewogenes Verhältnis zwischen Wohnanlagen und Grünflächen geachtet, deshalb gibt es hier im Gegensatz zu anderen Badeorten keine Hochhausanlagen, sondern fast nur Ferienwohnungen und Ein- und Zweifamilienhäuser. Getrennt sind Caorle und Porto Santa Margherita durch die Mündung des Flusses Livenza, über den sich eine Brücke mit hohem Bogen spannt, so ist die Durchfahrt von Schiffen möglich. In den Sommermonaten werden die beiden Flussufer auch durch eine Fähre verbunden, sie pendelt laufend hin und her und transportiert Passagiere genauso wie Fahrzeuge. Im Sommer kann man so täglich von 7.30 bis 12.30 Uhr und von 14 bis 17 Uhr den Fluss überqueren.

Die Highlights des Sommers

Der Anziehungspunkt von Porto Santa Margherita ist der Hafen, eines der größten und bestausgestatteten Hafenbecken an der Oberen Adria, das mehr als Tausend Motor- und Segelbooten Platz bietet. Wenn man die Ferien mit seinem Boot verbringen möchte, kann man sich eine „Viletta Terramare" mieten: ein hübsches Haus mit eigenem Ankerplatz. An Land bieten rund um den Hafen einladende Bars und Fachgeschäfte zum Thema Bootssport Abwechslung. Auch im Corso Genova finden sich Bootsausrüster, Geschäfte für Schiffzubehör, Boutiquen und Kinderspielhallen genauso wie im Zentrum, wo man in ansprechenden Hotels wohnen kann.

Segelsportfans kommen auch auf ihre Rechnung: Der Nautikklub veranstaltet jedes Jahr im Juni die internationalen Segelregatten „500x2" und „200x2", die auf der ganzen Welt im TV übertragen werden. Bei der „500x2" starten Zweiermannschaften und legen mit ihren Segelbooten 500 Meilen (ca. 900 Kilometer) in weniger als sechs Tagen zurück. Für sportbegeisterte Menschen ist der Ort wohl ideal: eine Tennisanlage, eine Minigolfbahn, ein Hallenbad, ein Beachvolleyballplatz und eine Bocciabahn bieten unzählige Möglichkeiten für Energiejunkies. Wer einen Surf- oder Segelkurs belegen möchte, kann dies in der Segelschule von Porto Santa Margherita tun.

Informationen: Tourismusbüro Porto Santa Margherita, Corso Genova 21, Tel.: +39 0421/26 02 30

Gartenstadt Duna Verde

Am äußersten Punkt der westlichen Gemeindegrenze von Caorle, einige Kilometer nach Porto Santa Margherita, liegt Duna Verde. Der Name ist Programm: Rasen, Parkanlagen, Gärten und Bäume wohin man sieht, ein kleines Waldstück trennt den Ort vom Meer.

Die harmonische Architektur und die Natur machen Duna Verde zu einer Erholungsoase. Das neueste Resort an der Küste Caorles, gebaut in den späten 1960er-Jahren, ist wegen der vielen Bungalows und der beschaulichen Lage gerade bei jungen Familien und Ruhesuchenden sehr beliebt. Nur ein einziges Hotel gibt es im Ort, das Zentrum ist demnach eher ruhig und gemütlich.

Für Einkaufstouren findet man ein Shoppingcenter und einen wöchentlichen Markt mit 30 Ständen, der zwischen Mai und September jeden Mittwoch auf dem Piazzale Madonneta stattfindet. Im Sommer verbinden ein Bus-Service und ein Radweg die Orte Duna Verde, Porto Santa Margherita und Caorle Stadt miteinander.

Wer einmal Pause vom Nichtstun braucht, dem steht vieles offen. Tennisanlagen und viele andere Sportmöglichkeiten garantieren auch außerhalb der Badesaison aktive Tage. Reiter, Rollerskater, Läufer und Radfahrer kommen voll auf ihre Rechnung. Duna Verde befindet sich außerdem in der Nähe des Golfklubs Prà delle Torri, ein wunderbar gelegener 18-Loch-Kurs direkt am Meer. Die Gesamtlänge beträgt 6045 Meter, eine Driving Range, ein Putting und ein Pitching Green sind ebenfalls dabei. Golfausrüstung, Trolleys und Golfbags können vor Ort ausgeliehen werden. Spieltechnisch ist der Platz nicht zu anspruchsvoll, für Anfänger und entspannte Urlaubspartien also auf jeden Fall geeignet. Obwohl, einige Löcher und die Meerwinde können es gelegentlich ziemlich spannend machen. Und noch die gute Nachricht für alle, die nicht einmal im Winter von ihrem Golfschläger lassen können: Prà delle Torri hat je nach Wetterlage von Februar bis Mitte Dezember geöffnet.

Informationen: Tourismusbüro Duna Verde, Via Spalato 2, Tel.: +39 0421/29 92 55

Golfklub Caorle: 18-Loch-Anlage, Golf Club Prà delle Torri, Viale Altanea 201, Duna Verde, Tel.: +39 0421/29 90 63

Genießerfreuden in Caorle

Die ursprüngliche „Cucina Caorlotta"

Was heute in Caorle auf den Tisch kommt, ist oft eine Weiterführung der traditionellen Gerichte, die sich die Fischer auf ihren Bragozzi, den kleinen Segelbooten, oder in den Casoni, den Schilfhäusern, in denen sie oft wochenlang lebten, noch bis vor wenigen Jahrzehnten zubereiteten. Im 14. Jahrhundert war die Nahrung nicht sehr gehaltvoll. Wein, Zwieback, Knoblauch, Hammelfleisch und Zucker waren die wichtigsten Nahrungsmittel an Bord der venezianischen Galeeren.

Noch im 17. Jahrhundert wurden in Venedig mehr als 3 500 Tonnen Zwieback hergestellt. Das Wasser auf den Schiffen war meist verdorben und verschmutzt – und so mussten die Seefahrer ihren Durst eben mit dem haltbaren, essigartigen und nicht besonders delikaten Wein stillen. Die Händler, die auf den Galeeren reisten, kannten die Verhältnisse natürlich und nahmen ihre eigenen Vorräte mit. Damit die Handelsreisenden ihr Essen kochen konnten, mussten sie allerdings erst einmal einen Platz in der Küche bekommen. Die Köche waren in mehreren Schichten mit dem Zubereiten des Mannschaftsessens beschäftigt, für den einzelnen Passagier blieb daher kaum Zeit. Außerdem gewährten die Köche nur nach ordentlichem Trinkgeld Zugang zur Küche und die Händler mussten auch ihren eigenen Holzvorrat mitnehmen. Was an Holz nach der Reise übrig blieb, wurde von den Bootseignern einfach einbehalten.

In der Stadt waren die Ernährungsumstände nicht wirklich besser. Bis Ende des Zweiten Weltkrieges ernährte man sich von dem, was Acker und Meer hergaben. Der Speiseplan bestand aus Fisch, Polenta und Bohnen, wobei man den Fisch oft lieber verkaufte, als ihn zu essen. Billigen Fisch, wie zum Beispiel Sardinen, machte man mit Essig und Zwiebel haltbar, da es ja keine Möglichkeit der Kühlung gab. Bevor in den 60er-Jahren die Pasta ihren Siegesmarsch antrat, bestimmte der Broeto, das traditionelle lokale Fischgericht zubereitet mit Tomatenmark, Knoblauch, Pfeffer, Salz und Essig, den Speiseplan. Als die Bragozzi, die typischen Boote Caorles, verschwanden und die Fischkutter, wie wir sie heute sehen, das Leben der Fischer erleichterten, veränderte sich auch die karge, nährstoffarme Küche. Traditionelle Pasta wird aber in Caorle heute noch fast immer mit frischem Fisch zubereitet.

Die Küche von heute

Heutzutage bietet Caorles Küche eine Vielzahl an eigenen Gerichten, egal ob man einfach nur eine Pause bei einem kühlen Glas Prosecco oder dem in der Region so typischen Verduzzo einlegt und dazu eine Kleinigkeit wie „Sarde in Saor" und „Alici Marinate" probiert oder ein Abendessen mit gegrillten Fischspezialitäten genießt. Nicht immer sind es die aufwendigen und teuren Gerichte, die besonders gut schmecken. Auch wenn Spaghetti Bolognese, Spaghetti Pomodoro oder Spaghetti Aglio e Olio den Ruf eines typischen „Touri-Menüs" haben, so schmecken diese – frisch zubereitet – nahezu in jedem Lokal und in jeder Strandbar köstlich und viel besser als zu Hause.

Besonders typische Gerichte sind „Moscardini di Caorle", „Broeto alla Caorlotta" oder „Pasta al nero di seppia". Die „Sarde in saor" wurden von den Fischern der Lagune erfunden: Frittierte Sardinen, die in Essig und Öl aufgeweicht und zusammen mit fein geschnittenen Zwiebeln und Salz zubereitet werden. Ein delikates und zugleich kräftigendes Gericht. Für die „Pasta al nero di seppia" wird die schwarze Tinte der *seppie*, also der kleinen Tintenfische, beigegeben, um dem Gericht Farbe und Aroma zu verleihen. Der Broeto ist eine Art Fischeintopf. Früher wurde er von den Fischerfamilien der Lagune gekocht, normalerweise auf einem Boot in einem Steingutbehälter auf Holzkohle. Man verwendete meistens nur einfachen Fisch, die wertvolleren Fische waren für den Verkauf auf dem Markt reserviert. Natürlich kommen auch frittierte und gegrillte Fische – gerne mit Polenta – auf den Tisch, diese Gerichte findet man allerdings überall an der Adria. Viele der traditionellen Rezepte werden innerhalb einer Gruppe von sechs Restaurants angeboten, die zur „Ristorazione Tipica Caorlotta" gehören. Das sind: Al Bateo, Il Carro, Da Nappa, La Ritrovata, Pic Nic und Taverna Caorlina. Das Produktbewusstsein in diesen Lokalen ist heute wieder stärker ausgeprägt. So wird im „Il Carro" das sogenannte Null-Kilometer-Menü angeboten. Die Produkte, vor allem Fisch, kommen ausschließlich aus Caorle oder den angrenzenden Gebieten.

Tintenfische, Krebse, Kalmare, Venusmuscheln, Kammmuscheln, Sardinen, Seezungen, Flundern, Seebarsche, Goldbrassen, Meeräschen, Grundeln und Aale findet man alle in den Gewässern rund um Caorle. Besonders geschätzt wird der *moscardino di Caorle*, eine kleine Tintenfischart. Sogar der DOP-Standard wurde ihm zuerkannt, das von der EU vergebene Siegel für Produkte mit geschützter Herkunftsbezeichnung. Der Moscardino unterscheidet sich vom Kraken dadurch, dass er nur eine einzige Reihe an Saugnäpfen pro Fangarm hat, während der Krake zwei davon besitzt. Die Tiere können inklusive Fangarmen eine Länge von bis zu 35 Zentimetern und ein Gewicht von 700 Gramm erreichen, ideal für die Küche sind Größen von 15 bis 20 Zentimeter und 100 bis

300 Gramm. Moscardini werden im Meer vor Caorle das ganze Jahr gefangen, am besten sind sie aber im Frühling und im Winter. Gefischt wird mit speziellen Schleppnetzen und einer eigenen Technik, um den Tieren möglichst wenig Stress zuzumuten. Besonders gerne werden Moscardini gekocht und mit Kartoffeln oder Radicchio serviert.

Aus dem benachbarten Bibione kommt der berühmte weiße Spargel mit seinem feinen und zarten Geschmack. Auch für die Honigmelonen ist das Gebiet bekannt. Im Hinterland von Caorle wird von den Käsereien in Annone Veneto, Summaga (Portogruaro) und Porto Santa Margherita der Montasio DOP erzeugt, zahlreiche weitere Käsereien findet man im ganzen Gebiet von Friaul und in den Provinzen Belluno und Treviso. Im Tourismusführer „Das Land des östlichen Venedigs", herausgegeben von der Tourismusbehörde Provincia di Venezia, heißt es: „Wahrscheinlich ist der Käse von benediktinischen Mönchen verbreitet worden, die sich gegen Ende des ersten Jahrtausends in Summaga niedergelassen haben. Heute wird der Montasio noch immer so verarbeitet, wie es von den Käsern seit Jahrhunderten überliefert wird: Mit gemäßigtem Feuer, Lab, Salz und menschlichem Können." Der Montasio ist ein gekochter, halbfester oder fester Käse in drei verschiedenen Reifegraden. Der junge Montasio ist weich und zart im Geschmack, als *Montasio mezzano* ist er kräftiger und voller, und als *Montasio stravecchio* nimmt er einen besonders aromatischen und leicht pikanten Geschmack an, man kann ihn auch gut als Reibkäse verwenden.

Ein weiteres typisches Produkt ist der *Linguàl*, eine Wurstspezialität, die hauptsächlich aus Schweinszunge besteht. Diese Delikatesse ist aber nicht das ganze Jahr über zu bekommen, traditionell wird sie vor allem zu Christi Himmelfahrt gegessen.

Beim Wein als Speisenbegleiter gibt es in Caorle – so wie eigentlich in ganz Italien – keine Regeln. Ob ein Glas Weißwein zu Fleisch oder ein leichter Rotwein zu Fisch – hier ist alles erlaubt. Leichte Weine, meistens die Hausweine (*vini della casa*), werden praktisch immer gekühlt getrunken, dies gilt sowohl für Weißwein als auch Rotwein. Es empfiehlt sich, nach dem regionalen Weinangebot zu fragen, am besten aus der Weinregion „Lison Pramaggiore" nahe Caorle, im östlichen Teil Venetiens. Empfehlenswert sind hier die Rotweine Cabernet Franc, Merlot und der stark tanninhaltige Refosco. Bevorzugt man Weißwein, sind Chardonnay, Verduzzo, Tocai Italico, Pinot Grigio oder Prosecco sehr zu empfehlen. Nehmen Sie sich die Zeit und machen Sie einen Ausflug in das Weinbaugebiet. Am besten ist immer, selbst verkosten und dabei vielleicht den Lieblingswinzer entdecken.

Typische Gerichte auf einen Blick

Fisch, Fisch und nochmals Fisch – in Caorle dreht sich in der Küche fast alles um die Meeresbewohner. Aber nicht nur. In vielen Lokalen bekommt man zwar auch deutsche Speisekarten, die Übersetzungen sind aber meist derart seltsam, dass man die Gerichte nicht mehr wiedererkennt. Besser also die Originalbegriffe lernen. Zur schnellen Orientierung hier einige typische Gerichte im Überblick, außerdem die wichtigsten Fischarten und ihre beste Fangzeit. Auch Fische haben ihre „Saison" und schmecken dann am besten.

Moscardini	kleine Oktopusse (kalt)
Garusi	Purpurschnecken, Murex (kalt)
Alici marinate	mit Zitrone und Öl marinierte Sardellen (kalt)
Vongole veraci e cozze	Venusmuscheln und Miesmuscheln im Weißweinsud
Moeche	frittierte Meereskrabben
Zuppa di pesce	Fischsuppe
Pasta e fagioli	Nudeln mit weißen oder braunen Bohnen (wird in Caorle typisch mit Radicchio gegessen)
Spaghetti alla busara	Spaghetti mit Shrimps und Garnelen
Alici in bianco im Dialekt „sardoni cassopipa"	Sardellen in Weißwein gekocht (kalt)
Spaghetti agli zotoli	Spaghetti mit kleinen Tintenfischen
Riso e zucca	Risotto mit Kürbis
Risotto ai fegatini di pollo	Risotto mit Hühnerleber
Misto mare (Frittura di pesce)	frittierte Fische mit mehreren Fischsorten
Anguilla in umido	gedünsteter Aal, „in umido" ist generell eine Zubereitungsart für alle Fischarten
Baccalà mantecato	Stockfischmus
Fegato alla veneziana	Kalbsleber mit Zwiebel
Pesce ai ferri	gegrillter Fisch, meistens mit weißer Polenta serviert

Fischarten und ihre beste Fangzeit

FISCHE

Acciuga – Sardelle oder Anchovis
Frühjahr bis Herbst

Anguilla – Aal
Oktober bis Jänner

Cefalo, Muggino – Meeräsche
ganzjährig

Dentice – Zahnbrasse
Frühling und Herbst

Ghiozzo, Gò – Grundel
ganzjährig

Mormora – Marmorbrasse
ganzjährig,
besonders ideal im Herbst

Orata – Goldbrasse
Winter und Frühjahr

Papalina – Sprotte
Winter und Frühjahr

Passera – Flunder
Herbst und Winter

Pesce San Pietro –
Petersfisch, St. Pierre
Frühling und Sommer

Pesce Spada – Schwertfisch
Sommer und Herbst

Rospo – Seeteufel, Angler
Winter

Rombo Chiodato – Steinbutt
Winter und Frühjahr

Rombo Liscio – Glattbutt
Winter und Frühjahr

Sardina, Sarda – Sardine
Frühling bis Herbst

Scorfano – Drachenkopf
ganzjährig

Sgombro – Makrele
Frühjahr bis Herbst

Sogliola – Seezunge
ganzjährig,
ideal Herbst und Winter

Spigola, Branzino –
Wolfsbarsch, Meerwolf
Herbst und Winter

Tonno – Thunfisch
Sommer und Herbst

Triglia – Rotbarbe
Frühling bis Herbst

SCHALENTIERE

Aragosta – Languste
Frühling und Sommer

Astice – Hummer
Frühling bis Herbst

Cannocchia – Heuschrecken-
krebs, Meeresheuschrecke
Frühling bis Herbst

Gambero – Garnele
Beste Fangzeit: ganzjährig

Granzevola oder Granzeola –
Seespinne
Winter und Frühjahr

Granchio (comune) –
Strandkrabbe
Frühling und Sommer

Granziporro – Taschenkrebs
Herbst und Winter

MOLLUSKEN
(MUSCHELN UND WEICHTIERE)

Arca di Noè – Arche Noah
Winter

Calamaro – Kalmar
Winter und Frühjahr

Canestrello – Kammmuschel
ganzjährig

Cannolicchio oder capalonga –
Gerade Meerscheide,
Messermuschel
Herbst und Winter

Capasanta – Jakobsmuschel
Winter

Cozza, muscolo oder mitilo –
Miesmuschel
Sommer und Herbst

Cuore edule oder Cocciola –
Herzmuschel
ganzjährig

Dattero di mare – Seedattel
Frühjahr bis Herbst

Ostrica – Auster
Winter

Seppia – Tintenfisch
Sommer und Herbst

Polpo – Krake, Oktopus
Frühjahr bis Herbst

Tartufo di mare – Meerestrüffel
Winter

Vongola – Venusmuschel
ganzjährig

Die kulinarische Genusstour

Essen in den Urlaubsorten der Oberen Adria, bekommt man da überhaupt etwas Vernünftiges? Oft hört man: Der Fisch ist teuer und alt, das Personal unfreundlich, die Köche sind keine Italiener. Die Gäste fallen im Sommer ohnehin in Horden ein, egal, ob sich die Restaurants anstrengen oder nicht. Kommt sicher vor, in Caorle ist die Sache allerdings ein bisschen anders. Im September einfach den Gehsteig hochklappen und „Ciao!" bis zum nächsten Sommer gibt es nicht. Schließlich spielt sich in Caorle echtes italienisches Leben ab, die vielen Einheimischen wollen auch außerhalb der Hochsaison essen. Und um die Caorlotti zu überzeugen, muss schon anständig gekocht werden. Aber – und das ist der zweite Spezialfall in Caorle: Sterne- und Hauben-Restaurants gibt es nicht. In der ehemaligen Römerstadt kocht man lieber regional, traditionell und einfach (gut). „Da kommt es nicht darauf an, ob man einen Michelin-Stern hat oder nicht", meint Romolo Molena, Besitzer des International Beach Hotels.

Wer auf mehr Kreativität schwört oder seine Flamme einmal richtig fein ausführen will, findet allerdings auch seine Häfen. Erste Anlaufstelle etwas außerhalb des Zentrums, in Duna Verde, ist das Restaurant Il Carro. Von außen sieht der langgestreckte Bungalow eher unspektakulär aus, drinnen gibt es dann die erste Überraschung. Eine ansprechende, traditionelle Einrichtung mit alter Holzdecke, die Küche dagegen richtet den Fokus auf die Moderne. Küchenchef Luca Faraon lebt die Null-Kilometer-Philosophie, also das Prinzip der Regionalität und der Nachhaltigkeit: die Fische kommen nicht aus Kroatien oder Griechenland, sondern frisch aus der Oberen Adria. „Ganz früh am Morgen, wenn noch kaum jemand da ist, gibt es am Fischmarkt die besten Fische." Die Gerichte orientieren sich an

der Tradition, das gewisse Etwas darf aber nicht fehlen. Beispiele? Jakobsmuschel auf Steinpilzcreme und frittierte Polentastücke oder Bigoli mit Tomaten-Venusmuschel-Sauce und Bottarga (Rogen) vom Branzino.

Zu den Besten gehört auch das Pic Nic, Caorles einziges Restaurant direkt am Meer. Vor allem im Sommer auf der Terrasse einer der stimmungsvollsten Plätze der Stadt. Die Fischküche begeistert mit frischer Interpretation der Klassiker. Das Thunfischtatar wird hier mit Makadamianüssen und frischer Mango serviert, die Erbsensuppe mit Karotte und Stockfischmus.

Fischliebhaber kommen auch gerne ins Da Nappa auf der hübschen, kleinen Piazza Pio X 8 im Zentrum. Empfehlen kann man hier einen gemischten Antipastiteller mit frischem Fisch, den man aus der Vitrine selbst aussuchen kann. Tolle Pizza zu guten Preisen hat die Pizzeria Al Postiglione in der Via Santa Margherita. Eine Besonderheit gibt es bei Da Roberto: seine Spezialität ist der Flammkuchen mit dünnem, knusprigem Teig, Prosciutto und Rucola. Eigentlich ein elsässisches Gericht, das aber etwas italianisiert zum „Signature Dish" von Roberto wurde. Der Grundbelag besteht nicht wie sonst üblich aus passierten Tomaten, sondern aus Schmand, einer gehaltvolleren Variante der Crème fraîche. „Ich habe Zehntausende Stück verschenken müssen, bis es die Italiener angenommen haben, aber jetzt lieben sie es", erzählt Roberto, der das Lokal mittlerweile an seinen Bruder abgegeben hat.

Lauschig ist es auch am Ende des Oststrands, der Spiaggia di Levante, wo die Lagune beginnt. Einige urige Lokale locken mit einfacher, aber guter Küche. Im La Ritrovata ist schon allein die Atmosphäre Balsam für die Seele. An der holzgetäfelten Wand hängen alte Bilder, Netze, Fischergeräte und Teller. Die Nudelgerichte mit würziger Sauce und Fisch werden in alten Eisenpfannen serviert. Gleich gegenüber ist auch das Baraca für seine urige, gute Hausmannskost berühmt. Nicht nur die Touristen zieht es hier her, außerhalb der Sommersaison kommen auch die Caorlotti mit ihren großen Familien, daher ist vor allem an Wochenenden eine Reservierung empfehlenswert. Nachher vertritt man sich in der Via dei Casoni ein bisschen die Beine und bewundert die Casoni, die alten Fischerhütten. Noch mehr Schlemmeradressen gibt es bei den nachfolgenden Tipps.

Wer Lust auf eine kurze Auszeit vom Rummel hat, findet Alternativen im Hinterland. „San Donà, Eraclea, Musile di Piave oder Portogruaro sind nur 20 bis 30 Kilometer entfernt und einige Restaurants in diesen netten Orten sind angenehme Überraschungen", verrät Luca Manzini, ehemaliger Tourismuspräsident von Caorle.

Il Carro

Ein Spitzenlokal. Man würde es nicht vermuten, aber in diesem weitläufigen Bungalow wird kreativ und optisch herrlich
gekocht. Wir sagen nur „Panierter Branzino mit Kräuterkruste und gratiniertem
Kartoffelpüree, dazu zwei Saucen – einmal Basilikum, einmal rote Rüben." Äußerst künstlerische Desserts, die den
Gaumen verwöhnen. Ganzjährig geöffnet.
Via Selva Rosata
Duna Verde
Tel.: +39 0421/29 94 78
www.ristoranteilcarro.com

Pic Nic

Terrasse direkt am Meer, sehr freundliches Service. Ob rohe Fische als Anti-
pasto, Pasta mit Hummer, Ravioli mit
Hummer- und Branzino-Füllung oder
Steinbutt in Salzkruste – die Fischküche
der Familie Zeni ist erfrischend anders.
Am Ende des Weststrands, bei der Flussmündung der Livenza.
Via Timavo 6
Tel.: +39 0421/21 15 75
www.ristorantepicnic.it

Al Bateo

Kleines, feines Restaurant im historischen Zentrum von Caorle. Angenehme Atmosphäre durch die Trame an der Decke, große Glasfenster,
einen Barbereich in Form eines Bootskörpers und durch stimmiges dunk-
les Holz im Gastgarten. Der Schwerpunkt liegt natürlich auf typisch re-
gionaler Küche mit Fisch, 100 Weinpositionen. Ganzjährig geöffnet, in der
Fußgängerzone.
Rio Terrà Delle Botteghe 52
Tel.: +39 0421/81 326

Ai Bragozzi

Modernes Styling mit einer Kombination aus durchsichtigen Designerstühlen, romantisch-schummriger Beleuchtung und einem alten Holztram an der Decke. Die Küche bietet gute Antipasti mit rohen Fischen und Meeresfrüchten. Ambitionierte Kreationen, lauschiger Gastgarten zum Hafenbecken.
Riva dei Bragozzi 7
Tel.: +39 0421/21 24 55
www.ristoranteaibragozzi.it

Duilio

Auf den ersten Blick wirkt das alteingesessene Fischlokal ein bisschen finster, der bunt bemalte Fischerkahn im Originalformat mitten im großen Eingangsraum und der helle, gemütliche Raum gleich links neben dem Eingang stimmen allerdings auf sehr gute Fischküche ein. Die Spezialität: *Seppiola in umido alla pescatore* – Tintenfischragout mit weißer und „schwarzer" Polenta. Bei der Stadteinfahrt.
Via Strada Nuova 19
Tel.: +39 0421/810 87
www.diplomatic.it

Beliebt

Da Nappa

Einer der Klassiker in Caorle. Tolle Lage mit Terrasse an einem stimmungsvollen kleinen Platz. Fisch in allen Varianten seit über 50 Jahren. In der Fußgängerzone.
Piazza Pio X 8
Tel.: +39 0421/818 54

Nuova Centrale

Gleich neben dem Kanal mit den Fischerbooten ein sicherer Hafen für Meeresfrüchte und Lagunenfische. Zentrale
Erscheinung neben den klassisch zubereiteten Fischen ist der stattliche Signor
Garrone mit sonorer Stimme. Beim Hafenbecken.
Piazza Papa Giovanni 6
Tel.: +39 0421/81 018

Bucintoro

Fische mit dem feinen Etwas, schöne
Lage, angenehmes Restaurant, man muss
allerdings etwas tiefer in die Tasche grei-
fen. In der Fußgängerzone.
Largo Gandolfo 2
Tel.: +39 0421/822 39

FISCH UND FLEISCH

Da Buso

Einfach (und) gut. Tipp: Jakobsmuscheln mit Brandy, Tintenfisch-Broeto.
Via Sant'Andrea 27
Tel.: +39 0421/21 07 57
www.dabuso.it

Al Porto

Einfach, klassisch, günstig. Hier schmecken die Penne mit Fleischsauce
besonders gut. Auch die Miesmuscheln in Weißweinsauce sind einen
Versuch wert. Am Hafen.
Via Fondamenta della Peschiera 6
Tel.: +39 0421/81 640

Taverna Caorlina

Beliebtes Restaurant mit Pizza und traditionellen Gerichten. In der Fußgängerzone gegenüber dem Hafenbecken, neue, lässige Design-Zimmer
im gleichen Haus.
Via Francesconi 19
Tel.: +39 0421/81 724

Amici Miei

Roher Fisch, Austern, Scampi, Spaghetti mit Venusmuscheln oder ge-
grillter Fisch – alles in guter Qualität. Feine Polentina zum Dessert.
Viale Guglielmo Marconi 64
Tel.: +39 0421/840 34

PIZZA

Al Postiglione

Vor allem für seine Pizza beliebt. Lässiges Ambiente, innen mit viel Stein
und Holz, draußen auf der Terrasse von gedimmten, bunten Designerlampen beleuchtet.
Viale S. Margherita 42
Tel.: +39 0421/815 20
www.alpostiglione.com

Da Roberto

Die Einrichtung ist zwar nicht stylish und auf
den ersten Blick mag das Lokal wie eine
Touristenfalle aussehen, aber das hier Ge-
reichte schmeckt und die Preise sind fair.
Große, frische Salate, feine überbackene
Nudeln mit Scampi und Pizza. Spezialität:
der Flammkuchen, eine Pizza mit besonders
dünnem Teig, als Belag gibt es Prosciutto
und Rucola. Nahe dem neuen, weiß leuch-
tenden Kulturzentrum Andrea Bafile an der
Pizza Matteotti, nahe der Fußgängerzone.
Via dal Moro 15
Tel.: +39 0421/83 287

Pizzeria Ae Do Rode

Sympathische Pizzeria, von Caorles ehemaligem Tourismuspräsidenten
Luca Manzini empfohlen.
Viale Santa Margherita 8
Tel.: +39 0421/21 03 72

Pizzeria Al Parco

Vor dem Campingplatz an der Piazza Piave gelegen, bietet die Pizzeria Al
Parco eine ordentliche Pizza-Auswahl und einen wunderschönen Gast-
garten. Chef Vittorio führt das Lokal gemeinsam mit Frau und Tochter. Die
Familie ist ausgesprochen freundlich, außerdem spricht Vittorio perfekt

Deutsch! Wahrscheinlich die beste *pizza da asporto* (zum Mitnehmen) in Caorle! In den Sommermonaten täglich und ab März und im Oktober an Schönwetter-Wochenenden geöffnet.
Piazza Piave 4
Tel.: +39 0421/21 16 50

IN DER LAGUNE

La Ritrovata
Romantische Fischernetzdeko, im Sommer ist die kühlere Terrasse angenehm. Spezialität sind die ausgezeichneten Pfannen mit Rigatoni und Meeresfrüchten, Teller mit gemischtem Fisch, gegrillt oder gebacken. Auch Risotto mit Meeresfrüchten. Das ganze Jahr offen. Am Ende des Oststrands.
Via dei Casoni 8
Tel.: +39 0421/21 00 01

Baraca
Urig, da ist immer viel los. Die Bedienung ist trotzdem nett und flott, das Essen einfach, aber gut und günstig. Tipp: Pasta mit Muscheln und Polenta mit Scampi sind hervorragend. Ganzjährig geöffnet. Gegenüber von La Ritrovata.
Via dei Casoni 34
Tel.: +39 0421/81 415

Ristorante Al Bucaniere
Klassische Lagunengerichte auf der Basis von Fisch.
Via dei Casoni 24
Tel.: +39 0421/21 08 02

GUTE RESTAURANTS IM UMLAND

Da Nico
Gemütliche kleine Trattoria im kleinen Dorf San Gaetano.
Via San Gaetano 13 (9 km von Caorle)
Tel.: +39 0421/88 08 91

Al Cacciatore
Man vermutet es nicht, aber oft bewahrheitet sich eine alte Weisheit: Die besten Fischlokale sind wie hier im Hinterland.
Corso Risorgimento 25 • 30020 San Giorgio di Livenza (14 km)
Tel.: +39 0421/803 31
www.ristorantealcacciatore.it

La Tavernetta

Gehobene Fischküche, Weinkeller mit 200 Etiketten.
Via Cittanova 48 • 30020 Eraclea (23 km)
Tel.: +39 0421/31 60 91
www.la-tavernetta.it

Trattoria da Nicola

110 Jahre alte Fischtrattoria. Die Klassiker wie gegrillte Jakobsmuscheln oder Fritto Misto schmecken hier hervorragend. Gutes Preis-Leistungs-Verhältnis.
Via Nazario Sauro 56 • 30027 San Donà di Piave (29 km)
Tel.: +39 0421/546 24

Venezia

Kleines, freundliches Fischlokal mit niveauvoller Küche zu vernünftigen Preisen.
Viale Venezia 10 • 30026 Portogruaro (29 km)
Tel.: +39 0421/27 59 40

Tavernetta alla Fossetta

Auf Fleisch spezialisiert, ein Lokal mit langer Tradition, großer Weinkeller.
Via Fossetta 31 • 30024 Musile di Piave (31 km)
Tel.: +39 0421/33 02 96
www.fossetta.it

Al Ferarùt

Fischgerichte, kreativ und regional. Adria schielt Richtung (Ferran) Adrià.
Via Cavour 34 • 33050 Rivignano (48 km)
Tel.: +39 0432/77 50 39
www.ristoranteferarut.it

Al Fiume Stella

Wunderschöner Platz am Fluss Stella mit lauschigem Garten und Bootsanlegestelle. Sehr gute Fische und Meeresfrüchte (Krabben, Krebse, Austern etc.).
Via dell'Isolino 1 • 33050 Precenicco (43 km)
Tel.: +39 0431/58 77 05
ristorantealfiumestella.com/home.php

Dal Diaul

Romantisches Restaurant mit hübschem Garten hinter dem Haus. Küchenchef Luciano Odorico hat sein Handwerk unter anderem bei Alain Ducasse verfeinert, zum Teufel (Diaul) wünscht man ihn bei seiner verfeinerten Kost jedenfalls nicht.
Via Garibaldi 20 • 33050 Rivignano (48 km)
Tel.: +39 0432/77 66 74
www.daldiaul.com

der ***Surin Islands** › S. 97 ist
weltweit einer der besten Spots
für die Walhai-Beobachtung. Ziel
vieler Tagestouren im Osten und
Süden Phukets sind **Ko Racha
Yai** und **Ko Racha Noi, Shark
Point, Anemone Reef, Ko Dok
Mai, *Ko Phi Phi** › S. 106.

■ **Golf von Thailand:** Tolle Spots
mit korallenbewachsenen Steilwänden und bis zu 25 m Sicht
gibt's rund um **Ko Tao** › S. 131
und im **Marine Park Ko Chang**
nahe der Grenze zu Kambodscha.

Tauchkurse und -ausfahrten

Die meisten Tauchbasen arbeiten
nach PADI-Standard. Grundkur-
se dauern 4–5 Tage, die praktische
Ausbildung erfolgt im Pool bzw.
im offenen Meer. Das Niveau des
Unterrichts ist hoch (je kleiner die
Gruppe, desto besser.) Lassen Sie
die tauchsportärztliche Untersu-
chung besser zu Hause machen.

■ **Santana**
Patong Beach][**Phuket**
Tel. 0 7629 4220
www.santanaphuket.com
Deutschsprachiger Unterricht, Tauch-
fahrten und Exkursionen, guter Shop.

■ **Scuba Cat Diving**
Patong][**Phuket**
Tel 0 7629 3120
www.scubacat.com
Exkursionen südlich von Koh Yao Yai
sowie rund um die Inseln Racha Yai
und Racha Noi.

■ **Raya Yai Divers**
Raya Yai][**Tel. 08 1370 3376**
www.rayadivers.com
Hoch gelobte Tauchbasis auf der Insel
Raya Yai 23 km südlich von Phuket.

■ **Sub Aqua**
Nang Thong Beach][**Khao Lak**
Tel. 0 7648 5165
www.subaqua-divecenter.com
Bietet gute Tagestouren. Shuttle von
allen Stränden zwischen Takua Pa und
Khao Lak zum Pier. Deutschsprachig.

■ **Sea Dragon**
Nang Thong Beach][**Khao Lak**
Tel. 0 7648 5420
www.seadragondivecenter.com
Tauchsafaris nach Similan und Surin.
Deutschsprachig.

■ **Lanta Diver**
Ban Saladan][**Ko Lanta**
Tel. 0 7568 4208
www.lantadiver.com
Skandinavische Leitung. Tagesausflüge
nach Ko Ha, Ko Bida und Hin Bida,
Tauchsafaris und Tauchkurse.

■ **New Heaven Dive School**
Ko Tao][**Tel. 0 7745 7045**
www.newheavendiveschool.com
Tauchgruppen mit max. 4 Teilnehmern,
Studientauchgänge, Riffsäuberungen,
Tiefsee- und Wracktauchen.

■ **Chaloklum Diving**
Ko Phangan][**Tel. 0 7737 4025**
www.chaloklum-diving.com
Tauchausflüge, Ausbildung auch auf
Deutsch.

Tauchen

■ **Medsye Travel & Tours**
78/64 Moo 5][**Thai Muang**
Tel. 0 7648 6796
www.similanthailand.com
Tauchausflüge zu beiden Archipelen.
Zu den **Similan Islands** starten die
Speedboote am Thap Lamu Pier bei
Khao Lak. Für Überfahrten zu den
Surin Islands wurde im November

2008 der weiter nördlich liegende
Ha Thun Wa Nam Khem Pier (15 Min.
von Khao Lak) eröffnet.

■ **Poseidon**
1/6 Khao Lak][**Thai Muang**
Tel. 0 7644 3258
www.similantour.com
Betreibt das einzige Live-Aboard-Boot speziell für Schnorchler, was
die Kosten für Nichttaucher erheblich
senkt. Für Leute, die tauchen möchten,
wird vor Ort per Funk der Transfer auf
»echte« Tauchschiffe arrangiert.

Adrenalinkicks für Aktivurlauber

■ Besonders aufregend sind die
Tauchgänge mit Scuba Cat Diving in
die Gewässer südlich von Koh Yao Yai,
rund um die Surin Islands sowie an
die Chumphon Pinnacles nordwestlich
von Ko Tao ⟩ S. 88 und 99.

■ Die Poseidon ist das einzige Live-Aboard-Boot speziell für **Schnorchler**
rund um die faszinierenden Similan
Islands ⟩ S. 100.

■ **Urwaldwandern** und **Kanutouren**
sind die Attraktionen im Khao Sok
National Park, und nachts schläft man
in urigen Baumhäusern ⟩ S. 100.

■ Krabis Steilwände, Überhänge und
Karsthöhlen am Rai Leh Beach ziehen
Felskletterer aus aller Welt an
⟩ S. 105.

■ **Paddeltouren mit dem Kanu**
durch die Phang Nga Bay ⟩ S. 102
nordöstlich von Phuket und den
Ang Thong Marine National Park
⟩ S. 134 westlich von Ko Samui sind
ein einzigartiges Erlebnis.

■ **Sich am Drahtseil wie Tarzan**
durch den Dschungel schwingen kann
man am Chaweng Beach von Ko
Samui mit Canopy Adventures
⟩ S. 125.

6 **Khao Sok National Park** 4

Die einzigartige, hügelige Landschaft aus Regenwald, schroffen,
pelzig grünen Kalksteinbergen,
Höhlen, Flüssen und Wasserfällen
ist in weiten Teilen unerschlossen,
aber einige Wege durchziehen
die Tiefe des Dschungels mit seiner Pflanzenvielfalt: Riesenfarne
und Bananenstauden, 15 m hoher
Bambus, Rattan und Würgefeigen. Eine für Thailand einzigartige Rarität wächst hier: die riesige
Rafflesia, ein Parasit ohne eigene
Wurzeln und Blätter. Die rotbraune Blüte erreicht einen Durchmesser von bis zu 80 cm. Wer die
Pflanze sehen will, muss einen
Führer anheuern.

In der **Namtalu-Höhle** wachsen Tropfsteine wie riesige Säulen,
und ein Fluss schlängelt sich
durchs Innere.

⚠ Die Höhle nicht in der Regenzeit betreten – Lebensgefahr!

In der Nähe liegt der **Rajaprabha-Stausee** (auch Chieo Lan

genannt) zu Füßen der Karst-
riesen. In der Trockenzeit und in
der Abenddämmerung versammeln sich am Ufer viele Wildtiere.
Es ist eine der schönsten Gegen-
den des Landes mit spektakulä-
rem Blick auf die Karstkegel. Der
Dammbau vor ca. 20 Jahren wirk-
te sich jedoch katastrophal auf die
Fauna aus – heute ragen mehr als
100 Inseln und Inselchen aus dem
See hervor.

Tagestouren können Sie allein
unternehmen (gute Ausschilde-
rung), mehr sehen Sie aber auf
mehrtägigen Touren mit einem
kundigen Führer: Makaken, Tapi-
re, Warane, Adler und Nashornvögel und mit viel Glück sogar
Elefanten.

Außerhalb des Parks lässt sich
der Sok-Fluss per Kanu erkunden,
auf dem Elefantenrücken der
Bambuswald. Beste Besuchszeit
ist von Dezember bis April, dann
sind auch die **Wasserfälle** Tan
Sawan, Ton Gloy und Sip-et-Chan
beeindruckend.

Informationen zum Nationalpark unter
www.khaosok.com

■ **Khao Sok Riverside Cottage**
Tel. 0 7739 5159
www.khaosok.net
Große Bungalows mit Panorama-
fenstern mit Blick auf einen gepflegten Dschungelgarten. Restaurant direkt am Fluss. ●●
■ **Nature Resort**
Tel. 0 8612 00588
www.khaosoknatureresort.com

Die Anlage – einzelne Baumhäuser,
die man über Stege erreicht – liegt
mitten in der Natur nahe dem Affen-
felsen. Für weniger Abenteuerlustige
gibt es auch Bungalows. ●–●●

**7 ★★★Phang
Nga Bay 5**

Die Märchenwelt aus Inselbergen
und versteckten Lagunen eröffnet
sich am schönsten per Kanu oder
chinesischer Dschunke. Weniger
eindrucksvoll und auch nicht so
idyllisch, aber sehr gut gebucht,
sind die Fahrten mit laut knat-
ternden Longtail-Booten (ab Phuket, Krabi und Phang Nga) durch
die wildromantische Bilderbuch-
landschaft aus Karstfelsen und

Höhlen wie diese erschließen
sich auf einer Kanutour durch
die Phang Nga Bay

Vom Boot aus startet das Kanu durch die Phang Nga Bay

-kegeln. Sie führen u.a. zur »James-Bond-Insel« **Ko Phing Kan,** auf der Agent 007 und Scaramanga 1974 in »Der Mann mit dem goldenen Colt« ihr Pistolenduell austrugen. In der Inselbucht ragt der bizarre Felsen **Ko Tapu** (»Nagelinsel«) kerzengerade aus dem Meer. Wer nicht früh genug aufgestanden ist, bekommt das Motiv aber nur mit unzähligen anderen posierenden Touristen aufs Bild.

Viele organisierte Touren besuchen zum Lunch **Ko Panyi,** eine der fünf bewohnten Eilande der Phang Nga Bay. An die winzige

Kanutrip

Die Urlauber in den Longtails, Kanus oder Dschunken mit ihren rostbraunen Segeln schauen voller Ehrfurcht an den zerklüfteten Inselbergen hoch. Urzeitlich wirkt die **Phang Nga Bay,** deren geologische Wunderformen in den vergangenen 100 Millionen Jahren entstanden: mystisch und geheimnisvoll.

Hinter den schroffen Kulissen der bis zu 300 m hohen Karstinseln verbirgt sich die geradezu märchenhafte Welt der Hongs – Hohlräume, in die nur gelangt, wer mit einem Kanu durch Kanäle ins Innere der Berge vordringt, vorbei an spitzen und rasiermesserscharfen Felsen, durch stockdustere Höhlen mit Tropfsteinen und muschelüberzogenem Gestein – das Paddeln übernehmen hier die Thais: Millimeterarbeit! Manchmal bleibt das Kanu stecken, da hilft auch kein Ducken mehr, einige Meter müssen zu Fuß und mit den Händen ertastet und durchkrochen werden, bis das Licht am Ende des Tunnels den Weg ins vermeintlich Freie weist. Doch die Lagune ist von senkrechten Felswänden umschlossen: Wer jetzt nicht minutiös die Gezeiten in der Andamanensee kennt, der muss bleiben, länger, als ihm lieb ist, denn die Eintrittspforten und Tunnel füllen sich während der Flut bis zur Decke mit dem milchig-grünen Meerwasser!

In den Hongs herrscht eine unheimliche und zugleich friedvolle Stille, nur Flüstern ist erlaubt. Viele bedrohte Tierarten haben hier ihren Lebensraum: Seeadler und Nashornvögel, Otter und Schlammspringer, Krabben fressende Makaken und Gibbons, Fledermäuse und Warane. Als erfahrenster Kanu-Veranstalter sehr zu empfehlen ist John Gray's Sea Canoe in Phuket, Tel. 0 7625 4505-7, www.johngray-seacanoe.com.

Felsinsel schmiegt sich ein muslimisches Fischerdorf: Alle Häuser und Restaurants, der Pier und selbst die Moschee stehen auf Stelzen im Meer. Wer die Bewohner Ko Panyis ohne Touristenrummel erleben will, sollte einmal über Nacht bleiben (Buchung bei den Veranstaltern am Busbahnhof der Stadt Phang Nga).

Krabi 6

Die Provinz Krabi hat auch auf dem Festland Spektakuläres zu bieten: urtümliches Karstgebirge. Entlang der Straße 4034 wachsen grüne Türme und Kegel aus einer zu Stein gewordenen Märchenkulisse. Die Jahrmillionen alte Landschaft um den ehemaligen Fischerort Krabi zieht mittlerweile Touristen aus aller Welt in ihren Bann, denn Vergleichbares gibt es höchstens noch in der vietnamesischen Halong-Bucht oder in den Guilin-Hügeln Chinas.

Die Strände

Am einstmals idyllischen, 2 km langen grobkörnigen **Ao Nang Beach,** 16 km westlich von Krabi, von dem sich ein herrlicher Ausblick auf die malerischen Felsen der Ko-Poda-Inseln bietet, reiht sich eine Bungalowanlage an die nächste. Leider ist der Lärmpegel der Longtail-Boote alles andere als romantisch.

Zwischen dem berühmten ***Rai Leh Beach, einem Paradies für Felskletterer** ❯ S. 105, und dem gar noch schöneren, in imposant aufragende Felstürme ein-

gebetteten **schneeweißen **Phra Nang Beach** wurden innerhalb des Nationalparks die luxuriösen Rayavadee Villas erbaut. Der Zugang zur Halbinsel wird noch heute von steilen Kalksteinfelsen versperrt, Touristen müssen per Longtail an den Stränden abgesetzt werden. Die Gegend ist von zahllosen Höhlen durchzogen, die bekannteste, die **Tham Phra Nang Nok** (»Prinzessinnenhöhle«) am südlichen Ende des gleichnamigen Traumstrands, bietet von ihrer Öffnung ein tolles Küstenpanorama.

Einige Kilometer nördlich erstreckt sich der lange **Nopparat Thara Beach** unter Kiefern und Palmen im gleichnamigen Naturschutzgebiet: Am Wochenende herrscht hier Völkerwanderung auf Thailändisch, mit Picknick und Seesternesammeln. Bei Ebbe verbindet eine Sandbank den Strand mit der Insel Kao Phak Klong.

Am **Klong Muang Beach** im äußersten Norden sind Europäer noch in der Minderheit: Muslimische Fischer und ihre Familien bevölkern den weiten Strand, *pla muk,* der Tintenfisch, trocknet auf Gestellen, bei Sonnenuntergang stehen die Angler hüfttief im Wasser, und sogar dem König kann man hier über den Weg laufen – seine Residenz thront am südlichen Ende der Bucht.

Info

Tourism Authority of Thailand (TAT)
Uttarakit Road][**Krabi-Stadt**
Tel. 0 7562 2164

Wundervoller Phra Nang Beach südlich von Ao Nang

Anreise

- **Flüge:** tgl. von/nach Bangkok.
- **Busse:** vom Flughafen Phuket (2–3 Std.), von Phang Nga (2 Std.), Suratthani (2–3 Std.), Trang (2 Std.), Bangkok (12 Std.).
- **Schiffe:** Phuket (direkt nur die Fähre »Ao Nang Princess«, 2 Std., sonst über Ko Phi Phi), Ko Phi Phi (1½ Std.) und Ko Lanta (1½ Std.).

Hotels

Rayavadee Villas
Rai Leh Beach und Phra Nang Beach
Tel. 0 7562 0740
www.rayavadee.com
Große Anlage mit luxuriösen Pavillons, einige mit Privatpool und Butler. Mehrere Restaurants (das Krua Phranang am Phra Nang Beach ist besonders gut), tolle Massagen und heiße Kräuterkompressen im Spa, großer Pool. Viel Wassersport. ●●●

Echt gut!

Railei Beach Club
Rai Lei Beach][**Tel. 0 8668 59359**
www.raileibeachclub.com

Individuelle, elegante bis rustikale Ferienbungalows aus Holz, die von ihren Besitzern vermietet werden, alle mit komfortablen Schlafzimmern und sauberen Bädern. Kein Pool, aber direkt am Traumstrand. Tgl. Zimmer- und auf Wunsch Kochservice. ●●●

Echt gut!

Pavilion Queen's Bay-Hotel
Ao Nang Beach][**Tel. 0 7 563 7611**
www.pavilionhotels.com/queensbay
Luxuriöse Hotelanlage mit pompösen Zimmern – vom Bad einzigartiger Blick auf die Felslandschaft des Nopparat Thara Beach National Park vor der Küste. Im Hotelgarten laden kleine Tempel und Pavillons zum Verweilen ein. Pool über drei Ebenen, edles Spa, erstklassiges Sushi-Restaurant. ●●●

Phra Nang Inn
Ao Nang Beach][**Tel. 0 7563 7130**
www.vacationvillage.co.th/phrananginn
Das Hotel kleidet sich in Bambus und Holz, Stroh und Palmwedel – originell und gemütlich; zahlreiche Gruppen. ●●●

Lai Thai Resort

Ao Nang Beach][**Tel. 0 7563 7281**
www.laithai-resort.com
Anlage mit hübschen Thai-Häusern
und Pool, zu Füßen der Kalksteinfelsen,
allerdings etwa 10 Min. Fußmarsch
zum Strand – was sich an den Preisen
bemerkbar macht. ●●

Krabi River Hotel

7311 Khongkha Rd.][**Krabi-Stadt**
Tel. 0 7561 2321
www.krabiriverhotel.com
Brandneues, freundliches Hotel am
Krabi River, mit klimatisierten komfor-
tablen Zimmern (z.T. mit Balkon) und
heißer Dusche. Exzellentes Preis-
Leistungs-Verhältnis. ●●

Restaurants

An der belebten **Soi Sunset** am Ao
Nang Beach reiht sich eine Bierbar an
die nächste.

The Last Café

Ao Nang Beach
Ein Klassiker am südlichen Ende der
Strandstraße direkt am Strand: Hier
gibt es selbst gebackenes Brot und

Kuchen sowie gute westliche und
Thai-Snacks. ●
Sehr gute Restaurants findet man auch
in **Krabi-Stadt** selbst:

Ruen Mai

315/5 Maharat Rd.][**Tel. 0 7563 1797**
Wohl das beste Thai-Restaurant
in Krabi und immer proppenvoll.
Himmlisches *kaeng som* (scharf-
saures Fischcurry) und *khao mok gai*
(Hühnchen mit gelbem Reis auf Thai-
Muslim-Art). Hübscher Garten. ●—●●

Kotung

36 Khongkha Rd.
Authentische südliche Thai-Küche
am Nachtmarkt (in dessen Garküchen
man noch billiger isst), besonders
leckeres Seafood. Sehr freundliche
Familie. ●

Tauchen

Aqua Vision Dive Centre
Ao Nang Beach][**Tel. 08 9652 2474**
www.aqua-vision.net
Einziges Tauchzentrum (mit Schule) in
Ao Nang, das auch Tauchgänge zu
Walhaien und Mantas anbietet.

Felsklettern in Krabi

Krabis Felsen am ***Rai Leh Beach** sind mit ihren Steilwänden, Überhängen und
winzigen Vorsprüngen Kletterern aus aller Welt ein Begriff. An die 700 Routen
für Felskletterer wurden markiert. Sie zählen zu den besten der Welt, und die
Aussicht von den Klippen ist einfach atemberaubend. Einige Routen führen auf
das Dach riesiger Höhlen, folgen Stalaktiten 300 Meter hoch hinauf. Besonders
beliebt sind **Muay Thai Wall** und **One, Two, Three Wall** am Südende von Rai
Leh Beach East. Die mächtige **Thaiwand Wall** am Südende von Rai Leh Beach
West hält mit ihren senkrechten Kalksteinklippen einige der größten Heraus-
forderungen für Kletterer bereit. Wer sich an den **Ao Nang Tower** wagt, startet
von einem Longtail-Boot! Am besten besorgt man sich das vor Ort verkaufte
»Thailand Climbing Guidebook«. Erfahrene Veranstalter sind Hot Rock (Tel.
0 7566 2245, www.railayadventure.com) und King Climbers (Tel. 0 7566 2096,
www.railay.com).

Ausflüge von Krabi

Mit dem Boot nach Ko Poda

Zu den Inseln mit so fantasievollen Namen wie »Hühncheninsel« (ein großartiges Tauchrevier) oder auch »Insel der segelnden Dschunke« setzen die Longtail-Boote regelmäßig über. Das beliebteste Tagesziel vieler Inselhüpfer ist Ko Poda: ein Mini-Eiland mit katalogreifem Sandstrand und vielen Korallen – sehr schön zum Schnorcheln.

Ausflug zum *Wat Tham Sua

Wer Wat Tham Sua besuchen will, sollte das Wochenende meiden – das Kloster des legendären Abtes wird dann von Gläubigen geradezu gestürmt. Vom »Tigerhöhlen-Tempel« am Fuß der Ao-Luk-Thamu-Berge führen rund 1200 Stufen zum Fußabdruck Buddhas und einem **hinreißenden Blick über Krabis Felsenlandschaft.**

*Ko Phi Phi 7

Am 26. Dezember 2004 verwüstete der tödliche Tsunami das Zentrum der Insel, das eigentlich durch die touristische Überentwicklung bereits zerstört war. Leider hat Ko Phi Phi seine zweite Chance nur halbherzig genutzt. Viele Resorts stehen inzwischen wieder, auf etwas höherem Grund, stabiler und um einiges teurer, aber leider nur manchmal schö-

ner. Die halbmondförmige **Ton Sai Bay,** an der nach dem Tsunami fast nichts mehr stand, ist schon wieder fast nahtlos mit Resorts und Shopping Malls bebaut. Tagsüber fällt eine lärmende Armada von Longtail- und Ausflugsbooten über die Insel her. In den Nächten wird Party gemacht, und auch die Tauchershops und Massagesalons sind wieder da. Aber wer zum ersten Mal den **Blick im klaren Morgen- oder milden Abendlicht vom **Aussichtspunkt** hoch über der Ton Sai Bay und Lo Dalam Bay genießt, wird trotzdem überwältigt sein von dieser grün überwucherten Kalksteinlandschaft mit ihren blendend weißen Strandbuchten und der türkisfarbenen See. An den Stränden der lang gestreckten Ostseite der Insel stehen noch immer recht wenige Bungalowanlagen, und wer sich mit einem Boot die Küste entlang schippern lässt oder schlechte Trampelpfade nicht scheut, findet vielleicht sogar eine recht einsame Bucht. Gut besucht ist dagegen der **Long Beach.** Immer beliebter werden auch **Laem Tong Beach** an der Nordspitze, **Loh Ba Gao Beach** an der Ostküste und die gegenüber liegende Bucht **La Nah.**

**Ko Phi Phi Le 8

Die unbewohnte und schroffe Schwester **Phi Phi Le** steht unter Naturschutz und ist gänzlich unbebaut. Tagsüber fahren die Ausflugsboote in die **smaragdgrüne Maya Bay.** Etwas ungestörter schnorchelt man allerdings in der

Schnorchel- und Strandparadies Ko Poda bei Krabi

fast noch schöneren fjordartigen Bucht **Lo Samah.** Die viel zitierte »Wikinger«-Höhle mit ihren Felsmalereien und gelatinösen Schwalbennestern (für Chinesen eine Delikatesse) wurde für Touristen geschlossen. Taucher und Schnorchler zieht es weiterhin zu den Korallengärten bei **Ko Bida Nok** und **Hin Bida** ganz im Süden, in Unterwasserlabyrinthe oder zu einigen Wracks. Wer es idyllisch mag, chartert frühmorgens ein Longtail-Boot: Die Massen rücken erst gegen 10 Uhr vormittags an, und idealerweise nimmt man ein Kajak mit.

Info

Gute Website über die Insel mit vielen Infos: **www.phi-phi.com**

Anreise

Mit dem **Schiff** von Phuket (ab 2 Std.), Krabi (ca. 2 Std.) und Ko Lanta (nur in der Hochsaison, ca. 2 Std.).

Hotels

■ **Holiday Inn Resort Phi Phi Island**
Laem Thong Beach (Long Beach)
Tel. 0 7562 7300
www.phiphi-palmbeach.com
Ein eigenes Boot bringt die Gäste zu diesem Luxusresort mit Süßwasserpool, Spa, Jacuzzi, Restaurant und Bar.

Die Bungalows unter Palmen, manche direkt am Strand, lassen kaum Wünsche offen. ●●●

■ **Phi Phi Island Village Beach Resort & Spa**
Loh Ba Gao Beach
Tel. 0 7621 5014
www.ppisland.com
Schöne Bungalows im traditionellen Thai-Stil mit Strohdächern direkt am Strand in einem Kokospalmenhain, z.T. mit fantastischem Meerblick vom Bett. Bei Ebbe kann man nicht baden, dafür entschädigt ein großer Pool. ●●●

■ **Phi Phi Natural Resort**
Laem Thong Beach (Long Beach)
Tel. 0 7581 9030-31
www.phiphinatural.com

Reif für die Insel? Dann nichts wie auf nach Ko Lanta!

Am ruhigen Nordende des Strands gelegene, komfortable, klimatisierte Bungalows. In einem Reihenhaus werden einfachere Zimmer vermietet. ●●–●●●

■ **Paradise Resort**
Tel. 0 1968 3982
Laem Thong Beach (Long Beach)
www.paradiseresort.co.th
Direkt am Strand stehen die einfachen Steinbungalows mit Ventilator, in denen sich Taucher, Schnorchler und Kajakfans ebenso wie Familien wohlfühlen. ●●–●●●

8 ****Ko Lanta** 9

Ganze 52 Inseln und Inselchen zählt der Ko-Lanta-Archipel südlich der Phi-Phi-Inseln. Obwohl die Hauptinsel **Ko Lanta Yai** mit Fähren von Ao Nang (Krabi) und Ko Phi Phi Don gut zu erreichen ist, findet man hier noch viele einsame weite Strände. Zwar fehlen ihnen die spektakulären Felsformationen der Inseln weiter nördlich, und auch Kokospalmen sind rar, doch gerade deshalb geht es hier noch um einiges entspannter zu, und der Tsunami hat die Insel weniger hart getroffen.

Ihren Namen hat die Insel von den Vorfahren der noch immer hier lebenden Seenomaden, den Chao Le. Neben einigen chinesischen Kaufleuten bewohnen heute vor allem muslimische Fischer die Insel. Am **Klong Dao Beach** ruft allmorgendlich um 5 Uhr der Muezzin zum Gebet. Tief in die kulturelle Welt der Fischer taucht man Mitte März während des bunten **Festivals »Laanta Lanta«**

mit Jahrmarktatmosphäre und traditionellen Tänzen.

Ölpalmen- und Gummibaumplantagen beherrschen das Innere der Insel. An der Westküste führt eine Straße zu den Bungalows der Haupttouristenstrände. Bis zur Südspitze gelangt man allerdings nur über eine Staubpiste. Die Straße an der Ostküste ist überholungsbedürftig.

Die Mehrzahl der Bungalowanlagen steht am **Klong Dao** und **Long Beach,** die meisten mit schönen Strandrestaurants, dazu einige Bars. Trotzdem kann man hier noch in Ruhe mit den Krebsen um die Wette laufen und in glasklarem Wasser baden. Im Nordwesten liegen die kleinen Strände **Kaw Kwang** und **Twin Bay.** Im Süden warten viele versteckte Badebuchten. Wenig Trubel, (noch) keine Strandverkäufer, dafür Einblicke ins Fischerleben der Muslime – die Atmosphäre auf Ko Lanta ist entspannt.

An den Hauptstränden und in **Ban Saladan** gibt es mehrere Tauchschulen, darunter auch einige unter deutscher Leitung. Zahlreiche Schnorcheltrips steuern die korallenumrahmten Inseln **Ko Muk** und **Ko Hai** (auch: Ko Ngai) an. ***Tham Morakot** (Emerald Cave) bei Ko Muk ist ein **kleines Naturwunder:** Die Höhle, in der das Wasser türkis leuchtet, als sei es von unten mit Neon angestrahlt, muss durchschwommen werden, erst dahinter öffnet sich eine idyllische, lichtdurchflutete Lagune mit Mini-Strand. (Vergewissern Sie sich

Oh Tannenbaum einmal anders: Weihnachtsbaum auf Ko Lanta

vor der Buchung, dass die Führer Taschenlampen für die Höhle dabeihaben!)

Erstklassige Tauchgründe liegen auch bei **Hin Bida** (nördlich von Ko Lanta), **Hin Muang** und **Hin Daeng** sowie um **Ko Rok** (weit im Süden). Taucherfahrung ist hier notwendig. An den Felsen tummeln sich Leoparden- und Walhaie, Barrakudas und Thunfische; rund um die beiden Inseln geht es hinunter in eine bizarre Unterwasserkulisse mit Tunneln und Klippen, Korallenbänken und jeder Menge bunter Fische.

Mit einem Longtail-Boot kann man nach **Ko Bu Bu** übersetzen, eine Privatinsel vor der Ostküste von Ko Lanta, deren kleines Bungalowresort erstaunlich wenige

Gäste sieht. An einigen der **herrlichen weißen, von Urwald gesäumten Strandbuchten** ist man wirklich mit sich und der Welt allein.

Info

Ausführliche Informationen im Web unter **www.lantainfo.com**.

Anreise

■ **Expressboote** Nov.–April tgl. zwischen Krabi, Phi Phi und Lanta (ca. 2 Std. Fahrzeit), Mai–Okt. (je nach Wetterlage) kleinere Fähren.
■ Ganzjährig gibt es öffentliche **Minibusse** von Trang (Abfahrt gegenüber Bahnhof, 2½ Std. inkl. Fährüberfahrt).

Hotels

■ **Pimalai Resort & Spa**
Ba Kan Tiang Beach
Tel. 0 7560 7999
www.pimalai.com
 Exquisites Verwöhnhotel mit Wellnesszentrum im Regenwald oberhalb eines privaten weißen Strandabschnitts im Südwesten von Ko Lanta mit wunderschönem Infinity-Pool. ●●●
■ **SriLanta Resort**
Klong Nin Beach][Tel 0 7566 2688
www.srilanta.com
Boutique-Hotel in schönem Landschaftsgarten an der Westküste mit strohgedeckten Bambusvillen im thailändischen Stil. Sehr hübsches Strandrestaurant, **toller, schwarz gefliester Pool.** ●●●
■ **The Narima Bungalow Resort**
Klong Nin Beach][Tel. 0 7566 2668
Hübsche Bungalows, alle mit super Blick auf Ko Ha, allerdings etwas felsige Küste. Gute Tauchschule, Pool, großer Jacuzzi. Sehr herzliche Besitzer. ●●

■ **Relax Bay**
Pha Ae Beach (südlich von Long Beach)][Tel. 0 7568 4194
www.relaxbay.com
Pfahlhütten und Bungalows aus Holz, Palmwedeln und Bambus am Strand und am Hang unter Bäumen, tolle Aussicht. Kurse in Yoga, Massage und Kochen. ●●–●●●
■ **Lanta Villa**
Klong Dao Beach][Tel. 0 7568 4129
www.lantavillaresort.com
Hübsche, aber enge Reihenhäuschen mit Terrasse um den Pool. In der Hochsaison überteuert, also handeln! ●●

Restaurants

An der Promenade am Klong Dao Beach, südlich von Ban Saladan, empfehlen sich mehrere Restaurants, z.B. **Bei Hans** (km 1,5) mit europäischer Kost oder, ein Stück weiter, das **Lanta Seahouse,** das frische Meeresfrüchte serviert. Als beliebtes Frühstückslokal hat sich **Otto's** am Ende der Strandpromenade etabliert.

Tauchen

Ko Lanta Diving Center
Saladan][Tel. 0 7568 4065
www.kolantadivingcenter.com
Christian Mietz und sein Team sind die Experten für Ko Lantas Unterwasserwelt.

Pakmeng 🔟

Viele Ausflüge und Exkursionen in die Inselwelt können Sie auch vom Festland unternehmen. Der Fischerort Pakmeng ist eine Alternative für alle, denen Krabi schon zu voll ist und die kleine touristische Mängel nicht stören.

Dafür ist die Landschaft ein klassisches Ebenbild der berühmten Kalksteinriesen von Krabi – im Wasser und zu Lande. Besonders schön ist der **Yao Beach.**

Traumaussicht auf Ko Hai

Anreise

Flughafen und **Bahnhof** in Trang, 30 km östlich.

Hotel

Pakmeng Resort
60/1 Moo Pakmeng Beach
Tel. 0 7527 4112
www.pakmengresort.com
Nett eingerichtete, einfache Steinbungalows mit Veranda zum Garten. ●●●

Ausflug nach *Ko Hai und *Ko Kradan 🔟

Lust auf eine perfekte Robinsonade? Lassen Sie sich von einer der zahlreichen Fähren ab Pakmeng Beach nahe Trang nach **Ko Hai** (auch Ko Ngai) bringen, eine besonders schöne, von einem Korallenriff gesäumte Urwaldinsel, oder unternehmen Sie einen Trip von Insel zu Insel. Noch mehr **schneeweiße Traumstrände,** aber nur schlichte Bungalows, finden Sie auf **Kradan Island** (auch **Ko Ha** genannt), das Sie mit Longtails von Ko Hai oder Pakmeng Beach erreichen (www.andaman-island-hopping.com).

cht gut!

Hotel

Coco Cottages
Ko Hai][Tel. 0 8169 36457
www.coco-cottage.com

Mit viel Sinn für Nachhaltigkeit aus Naturmaterialien konzipierte attraktive Bungalows mit Strohdach und Kokosnussmotiven. Die Sea Side Cottages mit schönem Meerblick sind besonders zu empfehlen. Gutes Restaurant, freundlicher Service. Das Hotel organisiert Bootsausflüge, u.a. nach Ko Kradan. Leider scharfkantige Korallen am Strand bei Ebbe. ●●–●●●

Tauchen

Rainbow Divers
Ko Hai][Tel. 0 7520 6923
www.rainbow-diver.com
Die Divemaster der Tauchschule im Fantasy Resort (mit empfehlenswerter Unterkunft) entführen Sie zu über 20 Tauchplätzen.

*Ko Bulon Le 🔢

Wer auf den Inselwinzling will, braucht viel Zeit und Geduld. Die Boote vom Festland bei Pakbara fahren tgl. um 14 Uhr. In der

Weiße Strände und azurblaues Meer im Ko Tarutao Marine National Park

Monsunzeit hängt der Bootsverkehr sowohl von der Wetterlage als auch von der Anzahl an Passagieren ab, die auf die Insel wollen. Wer nach Bulon Le will, sollte also unbedingt ein paar Reservetage einplanen!

Nach ein bis zwei Stunden Überfahrt kommt die Trauminsel in Sicht: **der Sand gleißend weiß, das Meer türkis-blaugrün schimmernd und glasklar.** Der Anblick lässt schlagartig alle Mühe vergessen. Das mit dichtem Wald bedeckte Bulon Le ist in 15 Min. zu Fuß überquert (keine Autos, keine Mopeds!) und ist eine Oase für Ruhesuchende und Andamanen-Kanuten. An der Ostküste leben ein paar Familien der Chao Le vom Fischfang.

Hotel

Pansand Resort
Tel. 0 7521 8035
www.pansand-resort.com
Nette Holzhäuschen auf der Wiese und einfache Hütten am Hang mit Meerblick und Ventilator, an Feiertagen unbedingt vorher buchen; schönes Gartenrestaurant. ●●

9 *Ko Tarutao Marine National Park 🔟

Von Ko Bulon Le blickt das träge Auge hinüber nach **Ko Tarutao,** der Hauptinsel des gleichnamigen Nationalparks. Lange waren die felsigen Inseln ideale Schlupfwinkel für Seeräuber und Schmugg-

gen und suchen den Weg zurück ins Meer. Warane in beachtlicher Größe, Schlangen, Nashornvögel und Makaken leben hier fast ungestört – nur an langen Wochenenden und Feiertagen schlagen die Thais am Strand ihre Zelte auf. Beim Parkhauptquartier gibt es Unterkünfte in Form einfacher Bungalows, einen Campingplatz und auch ein Restaurant.

Zum Archipel gehören auch die besiedelten Inseln **Ko Adang, Ko Rawi** und ***Ko Lipe.** Hier kann man herrlich schnorcheln und im Rausch der Korallenfarben schwelgen. Weiße Strände aus Quarzsand, üppig grüner Primärwald, eine See in allen Schattierungen von Azur bis Türkis, großartige Aussichtspunkte von bis zu 700 m hohen Granitbergen und auf Ko Lipe vergleichsweise günstige Komfortbungalows: Thailand zum Verlieben!

ler, doch der rasante Aufschwung des Tourismus auf der schon zu Malaysia gehörenden Insel Langkawi hat auch die über 50 thailändischen Inseln aus ihrem Dornröschenschlaf gerissen. In den Gewässern tauchen gelegentlich Delfine auf. Die noch völlig intakten Korallenriffe bilden ==einige der besten und schönsten Tauchgründe Thailands.==

Durch das bergige und wilde Terrain von Ko Tarutao mit Wasserfällen und von Schwalben und Fledermäusen bewohnten Höhlen führen überwucherte Pfade. An den prachtvollen Stränden der Westküste wie **Ao Son** und **Ao Phante** vergraben Meeresschildkröten im September ihre Eier im Sand; im April schlüpfen die Jun-

Anreise

Schiffe außerhalb der Regenzeit tgl. auf den Routen Pakbara–Ko Tarutao und Satun–Ko Lipe, Ausflugsboote je nach Bedarf, v.a. Sa und So, Fähren außerhalb der Regenzeit von Ko Lanta nach Ko Lipe.

Hotel

Mountain Resort
Ko Lipe][**Tel. 0 7472 8131**
www.mountainresortkohlipe.com
Bungalows mit großartigem Blick hinüber nach Ko Adang. Der Besitzer kümmert sich um Sozialprojekte auf der Insel, und das Personal kommt weitgehend aus den benachbarten Dörfern der Chao Le. ●●

Ko Samui, Ko Phangan und Ko Tao

Nicht verpassen!

- Sich auf Ko Samui in einem First Class Spa verwöhnen lassen
- Das Nightlife in der Q Bar am Chaweng Beach genießen
- An Ko Phangans fast unberührtem Strand Hat Khuat für ein paar Stunden Robinson spielen
- An den Chumphon Pinnacles bei Ko Tao zu den Riffhaien hinuntertauchen
- Mit dem Kajak durch den Ang Thong National Marine Park paddeln

Die besten Rezepte

Spaghetti alla Busara
(Für 4 Personen)

Zutaten: *500 g Spaghettini, 1 kg mittlere Scampi, 1 kg Garnelen, 1 EL Olivenöl, Knoblauch, Peperoncino (Pfefferschote), fein geriebene Semmelbrösel (Paniermehl), 1 EL Parmesan, 1 Glas trockener Weißwein, 1 TL Butter, 1 Tasse Tomatensauce, 1 Prise Estragon und Salz.*

Zubereitung: In einer breiten Bratpfanne Öl mit Knoblauch und Peperoncino erhitzen; Scampi und Garnelen einlegen und mit Weißwein aufgießen, kurz einkochen lassen, dann salzen, Butter, eine Handvoll Semmelbrösel und etwas Parmesan hinzufügen. Einige Minuten durchziehen lassen. Tomatensauce, Estragon und Salz hinzufügen und die Sauce bei starker Hitze 10 bis 15 Minuten lang kochen lassen. Die Sauce anschließend 15 Minuten ziehen lassen und mit den „al dente" gekochten Nudeln vermengen. Mit Petersilie garnieren.

Sarde in Saor
(Für 6 Personen)

Zutaten: *1 kg Sardinen, 1 kg Zwiebel, ½ Liter Weißweinessig, Öl zum Frittieren, Salz, Mehl, Pinienkerne, Rosinen*

Zubereitung: Kopf und Innereien der Sardinen entfernen. Die Sardinen gut waschen und trocknen; dann mit Mehl bestäuben und in reichlich heißem Öl frittieren. Salzen und auf Küchenpapier beiseite stellen. In Scheiben geschnittene Zwiebel in sehr heißem Öl anschwitzen lassen, mit Essig aufgießen, salzen und pfeffern. Dann eine Auflaufform abwechselnd mit einer Schicht Sardinen und einer Schicht Zwiebel bedecken. Zwischen die Schichten Pinienkerne und Rosinen streuen. Mindestens einen Tag im Kühlschrank zugedeckt ziehen lassen.

Bigoi in Salsa
(Für 4 Personen)

Zutaten: *½ kg Bigoi (Bucatini oder Vermicelli), 1 Zwiebel, 12 in Salz eingelegte Sardinen, Olivenöl, Petersilie, 1 EL Salz, gewaschene Kapern*

Zubereitung: Die Sardinen waschen, ausnehmen und die Gräten entfernen. Olivenöl in einer Pfanne erhitzen und feingeschnittene Zwiebel hin-

zufügen. Mit etwas Wasser aufgießen und bei schwacher Hitze kochen. Sobald die Zwiebeln glasig sind, Sardinen und Kapern zugeben. Auf kleiner Flamme köcheln lassen, während die Pasta in Salzwasser kocht. Wenn diese al dente ist, mit Sauce und Petersilie vermischen und servieren. Bigoi in Salsa ist ein traditionelles venezianisches Gericht, das am Heiligen Abend oder am Karfreitag auf den Tisch kommt.

Broeto di Pesce

Zutaten: *Gemischte Fische wie z. B. 500 g Glatthai, 400 g Aal, 1,5 kg geputzte Tintenfische*
60 g passierte Tomaten, 100 ml Aceto balsamico, 100 ml Wasser, 1 EL Tomatenmark, Salz, Pfeffer, 1 Tasse Öl, Knoblauch und 1 Glas trockener Weißwein

Zubereitung: Passierte Tomaten mit dem Aceto, dem Wasser, einer Prise Salz, Pfeffer und Tomatenmark in einer Schüssel verrühren. Den Aal und den Glatthai in nicht zu kleine Scheiben schneiden und die Tintenfische zerkleinern. 2 Knoblauchzehen in einer Pfanne anbraten, die Tintenfische hinzufügen und mit dem Wein aufgießen. Zunächst bei starker Hitze 5 Minuten und dann bei mäßiger Hitze weitere 15 Minuten kochen lassen. Den restlichen Fisch mit der zubereiteten Tomatenmischung hinzufügen und das Ganze bei starker Hitze 5 Minuten einkochen lassen. Mit Salz abschmecken, dann die Hitze reduzieren und weitere 25 Minuten kochen lassen. Während des Kochens nicht umrühren, die Pfanne jedoch leicht schwenken; dadurch bleiben die verschiedenen Fischsorten unversehrt.

Die Rezepte wurden von der Taverna Caorlina zur Verfügung gestellt, nachzulesen im Buch „Le ricette della cucina caorlotta".

Die Weinstraße
Lison Pramaggiore

Seit 1986 gibt es die Weinstraße der D.O.C.-Weine von Lison bis Pramaggiore. Sie wird auch Weinstraße der Dogen genannt und verläuft
durch Städte, Orte und Weinberge im östlichen Venetien und im westlichen Friaul. Teile der Provinzen Venedig, Treviso und Pordenone gehören zu diesem Weingebiet. Die bekanntesten Orte sind Annone Veneto,
Portogruaro, San Stino di Livenza, Pordenone, Concordia Sagittaria und
natürlich Caorle. 850 Winzer bearbeiten 2 300 Hektar Rebfläche. 61 000
Hektoliter Wein werden jährlich hergestellt. Mit 30 Prozent Anteil an der
Gesamtproduktion überwiegt die Sorte Merlot, gefolgt von Cabernet
Franc mit 16 Prozent und dem berühmten Tocai Italico mit 12 Prozent. Andere typische Sorten sind Malbech (aus Malbec), Pinot Bianco, Pinot Gri-
gio, Refosco dal Peduncolo Rosso, Riesling (Riesling Renano), Riesling
Italico (Welschriesling), Sauvignon und Verduzzo.

Die reinsortigen Weine müssen zumindest 85 Prozent der jeweiligen Sorte
enthalten, die restlichen 15 Prozent können zugelassene Sorten der gleichen Farbe sein. Von einigen dieser Weine gibt es auch Versionen in
Frizzante und/oder Spumante, sowie als alkoholstärkeren Superiore und
länger gelagerte Riserva. Die Weine werden zumeist *secco* (trocken) ausgebaut, einige auch *amabile* (lieblich) und *dolce* (süß). Die Geschäfte,
Weinbauern und Restaurants, die zum Schutzkonsortium gehören, sind
mit dem Markuslöwen gekennzeichnet. Ein Ausflug in diese Region lohnt
sich allemal, da sie ja nur wenige Kilometer von Caorle entfernt liegt.
Lange Zeit war die Region eher für Massenweine bekannt. Gerade in den
letzten Jahren haben einige Produzenten aber ordentlich an Qualität zu-
gelegt. Sehr gute Weine bieten das Weingut Bosco del Merlo in Annone
Veneto, das Weingut Stajnbech in Belfiore oder das Gut Mosole in San
Stino di Livenza. Wer Bioweine schätzt, sollte das Bioweingut Le Carline
in Pramaggiore ganz in der Nähe der Autobahnauffahrt San Stino di
Livenza besuchen. Dort werden Seminare, Verkostungen und spezielle
Weinabende angeboten. Wer einfach nur auf dem Heimweg ein paar Flaschen Wein kaufen will, liegt mit den unkomplizierten, leichten Tischwei-
nen „Rosso Veneziano" und „Bianco Veneziano" sicher richtig.

Der Straße der D.O.C.-Weine Lison Pramaggiore kann man auf mehreren
Wegen folgen. Die Trassen der antiken Via Postumia oder der Via Annia
führen zu den Weinbauorten und immer wieder entdeckt man dabei Zeugnisse einer reichen Vergangenheit.

Die klassische Rundfahrt führt über folgende Orte: Portogruaro, Concordia Saggitaria, Levada, Summaga, Pradipozzo, Belfiore, Loncon, Lison, Mazzolada, Levada, Portogruaro.

Portogruaro
Berühmt für das historische Zentrum mit zahlreichen herrlichen Palästen aus dem Mittelalter und der Renaissance. Ein Muss: die Mühlen am Fluss Lemene im Zentrum.

Concordia Saggitaria
In der Römerzeit war die Stadt ein bedeutendes Zentrum, zahlreiche Zeugnisse aus dieser Epoche, der frühchristlichen Zeit und dem Mittelalter sind auch heute noch zu sehen. Archäologische Ausgrabungen haben vor Kurzem die Überreste der Thermen ans Tageslicht gebracht.

Summaga
Zwischen dem 10. und dem 11. Jahrhundert entstand hier die prachtvolle Benediktinerabtei Santa Maria – absolut sehenswert.

Lison
Ein Vorort von Portogruaro. Lison ist das Zentrum der Tocai Italico-Produktion, wie die Weingärten entlang der Straße beweisen.

Belfiore
Man muss unbedingt in Belfiore halten, ein Gläschen vom DOC Lison Pramaggiore probieren und die entzückende Kirche Santa Susanna besichtigen.

Diese Tour ist auch auf der Website der Weinstraße Lison Pramaggiore nachzulesen. Informationen über das Weingebiet und zwei weitere Routen findet man hier: www.lison-pramaggiore.it oder www.stradavini.it

Zur Orientierung

Wie wäre es mit Inselhüpfen – statt drei Wochen an ein- und demselben Strand zu schmoren? Mehr als 100 Eilande im südlichen Golf von Thailand laden zum Besuch ein. Touristisch erschlossen sind drei Inseln, jede mit ganz eigenem Charakter und Charme: Die »Kokosinsel« **Samui** erfüllt alle Urlauberwünsche vom Whirlpool bis zur Hängematte, das wildromantische, halb so große **Ko Phangan** beeindruckt Abenteurer und Partyfreaks, und das winzige **Ko Tao** verzückt die internationale Taucherschar mit prächtigen Korallenriffen.

Touren in der Region

Rund um Ko Samui

⊸⑧⊸ **Big Buddha Beach** ❯ **Chaweng Beach** ❯ **Lamai Beach** ❯ **Ban Hua Thanon** ❯ **Wat Khunaram** ❯ **Ban Nakhai** ❯ **Laem Sor Chedi** ❯ **Maenam Beach** ❯ **Bophut Beach** ❯ **Big Buddha Beach**

Dauer: 1 Tag, reine Fahrzeit ca. 2½ Stunden
Praktische Hinweise: Vorsicht, die Bergstrecken sind unfallträchtig, insbesondere wenn

Die Inselwelt des Ang Thong Marine National Park

Sie mit dem Motorrad unterwegs sind. Ein Mietwagen ist hier sicherer. Am billigsten sind die Songthaeos, die tagsüber auf der etwa 52 km langen Ringstraße (Highway 4169) verkehren und überall angehalten werden können. Auf Wunsch machen sie auch Abstecher.

Starten Sie frühmorgens am **Big Buddha Beach** ❯ S. 121, um die noch kühlen Stufen zum ***Big Buddha** ❯ S. 121 emporzusteigen und die herrliche Aussicht zu genießen. Danach geht es durchs Inselinnere zum **Chaweng Beach** ❯ S. 118: Zeit für ein Bad am herrlich weißen Sandstrand in der warmen Morgensonne! Fahren Sie weiter in Richtung **Lamai Beach** ❯ S. 120 und genießen Sie erneut einen herrlichen Fernblick; am südlichen Strandende geben die Felsen Hin Ta und Hin Yai ein schönes Fotomotiv im besten Licht ab. Beim Fischerort **Ban Hua Thanon** ❯ S. 124 lohnt ein Abstecher landeinwärts zum buddhistischen ***Wat Khunaram** mit einem mumifizierten, sonnenbebrillten Mönch. Von hier führt eine Piste, vorbei an zwei Wasserfällen, zum **Secret Buddha Garden** mit verwitterten Statuen und einer tollen Aussicht. Quads für diese Allradpiste können Sie im Samui ATV Park neben dem

Tempel mieten. Ein zweiter schöner Abstecher führt einige Kilometer westlich des Wat Khunaram beim Dorf Ban Thurian nach Norden zu den rauschenden **Na Muang Falls.**

Wieder an der Küste locken die Marktstände des Fischerdorfs **Ban Nakhai** mit spottbilliger Thai-Kost. Die einsame kleine Pagode **Laem Sor Chedi** wartet am

gleichnamigen Kap an der Südspitze der Insel. Von hier führen einige Stufen hinunter zu einem fast immer einsamen, winzigen Strand.

Nun geht es auf der Ring Road wieder nach Norden. Kurz vor **Nathon,** dem Inselhafen, plätschern abseits der Ringstraße zwei Wasserfälle, **Hin Lat** und **Hu Nam,** wo die Insulaner gern am

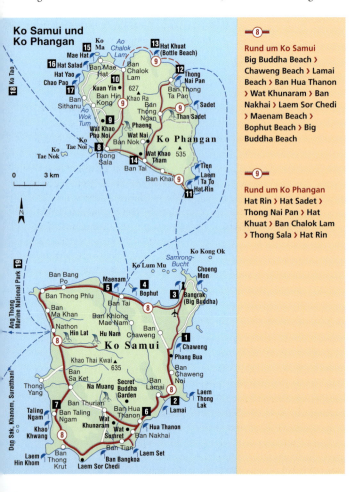

Ko Samui und Ko Phangan

8

Rund um Ko Samui
Big Buddha Beach ›
Chaweng Beach › Lamai
Beach › Ban Hua Thanon
› Wat Khunaram › Ban
Nakhai › Laem Sor Chedi
› Maenam Beach ›
Bophut Beach › Big
Buddha Beach

9

Rund um Ko Phangan
Hat Rin › Hat Sadet ›
Thong Nai Pan › Hat
Khuat › Ban Chalok Lam
› Thong Sala › Hat Rin

Wochenende picknicken. Die Weiterfahrt zum **Khao Thai Kwai** (635 m) ist nur mit Allradantrieb möglich. Ansonsten geht es über die Strände **Maenam** ❯ S. 121 und **Bophut** ❯ S. 121 im Norden zurück zum großen Buddha.

Rund um Ko Phangan

─●─ **Hat Rin** ❯ **Hat Sadet** ❯ **Thong Nai Pan** ❯ **Hat Khuat** ❯ **Ban Chalok Lam** ❯ **Thong Sala** ❯ **Hat Rin**

Dauer: 1 Tag
Praktische Hinweise: Die Insel lässt sich nicht in einer Runde umfahren, sondern nur auf Stichrouten vom Hauptort Thong Sala aus. Chartern Sie für einen Tag ein Songthaeo (ca. 1500 Baht). An der Nordküste steigen Sie für ein Stück ins Boot um und lassen sich von Ihrem Fahrer am Ende der Bootsfahrt wieder abholen. Motorradfahrten sind sehr risikoreich.

Auf der neu gebauten Straße geht es von **Hat Rin** ❯ S. 128 in Richtung Thong Sala. Nach etwa 7 km biegen Sie rechts ab, um quer durch den Urwald zur Zwillingsbucht Thong Nai Pan im Nordosten der Insel zu fahren. Ein Halt lohnt sich bei der alten Pagode des **Wat Nai** bei Ban Nok, bevor Sie beim Dörfchen Ban Thong Ngan einen Abstecher durch ein wildromantisches Tal zum Strand von **Hat Sadet** ❯ S. 129 machen. Hier plätschern die Wasserfälle **Nam Tok Than-Sadet,** die schon

Nashornvogel

König Chulalongkorn aufsuchte. In der wunderschönen Bucht von *Thong Nai Pan ❯ S. 129 werden Sie länger verweilen, am Strand baden, das herrliche Panorama genießen und in einem der Beach Resorts wenigstens einen kühlen Fruchtsaft trinken. Ein Fischerboot schippert Sie dann entlang der Nordküste – gerne mit Halt am fast unberührten Strand *Hat Khuat ❯ S. 129 – zum Fischerdorf **Ban Chalok Lam** (etwa 1000 Baht nach Feilschen!). Dort wird Sie auf Wunsch Ihr Fahrer wieder abholen, der auf Asphaltstraßen den großen Umweg über Thong Sala gemacht hat. Auf der Fahrt nach Thong Sala können Sie beim chinesischen Tempel **Kuan Yin** ❯ S. 128 die Aussicht genießen. Auch für einen Abstecher zum **Phaeng-Wasserfall** ist noch Zeit. Von hier erreichen Sie zu Fuß einen weiteren schönen Aussichtspunkt. Von **Thong Sala** ❯ S. 128 geht es danach über zahlreiche steile Hügel zurück nach Hat Rin.

Unterwegs auf den Inseln

**Ko Samui

Chaweng ❶

Die Mehrzahl der Urlauber trifft sich am Chaweng Beach an der Ostküste wieder: Der 7 km lange Traumstrand ziert die Postkarten und Kataloge in aller Welt. Die fotogen über den Strand und das Wasser geneigten Palmen lassen sich kaum noch zählen, ebenso wenig wie die Bungalows, Hotels, Resortanlagen, Chalets, Cottages, Bars, Restaurants, Diskotheken usw., die sich nahezu nahtlos aneinanderreihen. Strandhändler mit allerlei Erfrischendem und Nützlichem, selbsternannte Thai-Masseurinnen und Sportskanonen aus aller Herren Länder in Bananenbooten und Scootern bevölkern den schneeweißen Sandstrand, der sich über drei Buchten erstreckt. Nach Süden trennt ihn eine felsige Landzunge vom nächsten Strand. Die vorgelagerte **Matlang Island** ist das schönste Schnorchelrevier in Küstennähe.

Hotels

◼ The Briza Beach Resort & Spa
Tel. 0 7723 1997
www.thebriza.com
Brandneues ruhiges Luxusresort, dessen Dekor Motive der buddhistischen Srivijaya-Epoche aufnimmt. Die Gäste der erlesen möblierten Strandvillen werden mit großen Privatpools und eigenem Butlerservice verwöhnt.

Spa, Pool, großes Wassersportangebot und Vorträge über Thai-Kultur. ●●●

◼ The Library
Tel. 0 7742 2767-8
www.thelibrary.co.th
Resort mit edlem, minimalistischem Zen-Design. Die Suiten und Studios sind mit riesigem Plasmafernseher, DVD-Player und iMac ausgestattet. Bäder mit Whirlpool. Rot gefliester Pool, Restaurant, Bar, Fitnessraum und Bibliothek. ●●●

◼ Buri Rasa Village
Tel. 0 7723 0222
www.burirasa.com
Luxusanlage in einem Tropengarten, bei deren Bau großer Wert auf die Verwendung natürlicher Materialien gelegt wurde. Zimmer mit romantischen Himmelbetten, DVD-Player und WLAN-Zugang. Restaurant, Beach Bar, großes Wassersportangebot, schicker Pool und Spa. ●●●

◼ The Island Resort
Tel. 0 772 30751-3
www.theislandsamui.com
Klimatisierte Bungalows in einem schönen Park mit Kokospalmen. Sehr freundlicher Empfang. Restaurant mit leckerem Seafood-Barbecue am Abend. Das Bali Thai Spa bietet Entspannung mit Thai-Massagen und balinesischer Aromatherapie. ●●–●●●

◼ Montien House
Tel. 0 7742 2169
www.montienhouse.com
Charmantes kleines Resort in schöner Gartenanlage direkt am Strand, aber nicht mitten im Trubel. Hübsche klimatisierte Standardzimmer, kleine,

Empfehlenswerte Weingüter

Toni Bigai

Charaktervolle, günstige Weißweine. Tipps: A Mi Manera und Lison.
Via Caduti per la Patria 29
30026 Portogruaro
Tel.: +39 336/59 26 60

Bosco del Merlo

Einer der Vorzeigebetriebe der Region. Lucia, Carlo und Roberto Paladin
haben sich trotz 100 Hektar Besitz von Massenware abgewandt und arbeiten an hochqualitativen Weinen. Fülle, Komplexität und Flaschenreife
sind die Messlatten für exzellente Weine wie Sauvignon Turanio, Roggio
dei Roveri (Refosco) oder Ruber Capitae (Cabernet Sauvignon, Cabernet
Franc, Merlot und Malbech).
Via Postumia 12
30020 Annone Veneto
Tel.: +39 0422/768 167
www.boscodelmerlo.it

Le Carline

Der fesche Daniele Piccinin hat seinen Betrieb seit 1992 auf biologische
Anbauweise umgestellt, teilweise vinifiziert er auch ohne Schwefel. Tipp:
Lison und Pinot Grigio.
Via Carline 24
30020 Pramaggiore
Tel.: +39 0421/79 97 41
www.lecarline.com

Italo Cescon Storia e Vini

Die junge Generation mit Gloria, Graziella und Domenico Cescon setzt
vermehrt auf biologischen Anbau und Besinnung auf die regionaltypi-
schen Sorten. Interessant vor allem der autochthone unfiltrierte Manzoni
Bianco, eine Kreuzung aus Riesling Renano und Pinot Bianco. Tipp: Chieto
(Cuvée aus Merlot, Cabernet Sauvignon), Manzoni Bianco.
Etwas weiter entfernt von Caorle bei Ponte di Piave, aber noch immer gut
in Reichweite.
Piazza dei Caduti 3
31024 Roncadelle di Ormelle
Tel.: +39 0422/85 10 33
www.cesconitalo.it

Ornella Molon

Seit 1982 hat Ornella Molon Traverso auf Qualitätsproduktion umgestellt. Sehr gut die zwei Merlot-Linien Ornella und Rosso di Villa, empfehlenswert auch Cabernet und Sauvignon. In der Nähe von San Donà di Piave.
Via Risorgimento 40
31040 Campo di Pietra
Tel.: +39 0422/80 48 07
www.ornellamolon.it

Mosole

Lucio Mosole stellte den Betrieb mit seinem Berater Gianni Menotti auf Qualitätsproduktion um. Am besten gelingen die Paradeweine der Region, der Tocai Italico (Eleo) und der Merlot (ad Nonam), der auch in seiner Vinifizierung als Basiswein gute Ergebnisse bringt.
Via Annone Veneto 60
30029 San Stino di Livenza
Tel.: +39 0421/31 16 83
www.mosole.com

Tenuta Sant'Anna

Großbetrieb (140 Hektar) im Besitz der Generali-Gruppe. Breites Angebot an guten Spumanti. Neu ist die Reihe V8+, die weiter ausgebaut werden soll. Tipp: Refosco dal Peduncolo Rosso.
Via Monsignor P. L. Zovatto 71
30020 Loncon di Annone
Tel.: +39 0422/86 45 11
www.tenutasantanna.it

Borgo Stajnbech

Die Weinbibel Gambero Rosso stuft das Weingut als eines der interessantesten in Venetien ein. Für den Lison Classico 150 (2010) und den Stajnbech Rosso 2007 (Refosco und Cabernet Sauvignon) gab es in der Ausgabe 2012 jeweils zwei von maximal drei „Gläsern".
Via Belfiore 109
30020 Belfiore di Pramaggiore
Tel.: +39 0421/79 99 29
www.borgostajnbech.com

Die wichtigsten Weine
der Region Lison Pramaggiore

R O T W E I N E

Merlot

- Farbe: rubinrot, granatrot
- Duft: frisch, nach Veilchen und Gras
- Geschmack: weiche Tannine, Aromen von dunklen Beeren bis zu schwarzen Oliven
- Alkoholgehalt: 11–13 %
- Trinktemperatur: 18° C, wird aber als Tischwein zum Essen oftmals kühler serviert
- Passt zu: Wurstwaren, geschmorten Fleischgerichten, Geflügel, Kalb, Kaninchen

Cabernet Franc

- Farbe: leuchtend rubinrot
- Duft: frisch, lebhaft nach Gras
- Geschmack: Grasnoten in der Jugend
- Alkoholgehalt: 11–13 %
- Trinktemperatur: 16–18° C, wird aber als Tischwein zum Essen oftmals kühler serviert
- Passt zu: hellem Fleisch, Kalb, Wild, reifen Käsesorten

Refosco dal Peduncolo Rosso

- Farbe: intensiv, violett
- Duft: wilde Himbeeren und Brombeeren, Veilchen
- Geschmack: angenehm erdig und tanninhaltig, typisch sind auch bittere Aromen
- Alkoholgehalt: 12–13 %
- Trinktemperatur: 18° C
- Passt zu: Schweinefleisch, fetten Fleischgerichten, Braten, Wild

WEISSWEINE

Tocai Italico, Lison Classico

- Farbe: hell goldgelb
- Duft: aromatisch, erinnert an die Blätter von Pfirsichbäumen, delikat nach Bittermandel
- Geschmack: weich, mit typischem Mandelaroma
- Alkoholgehalt: 11–13,5 %
- Trinktemperatur: 8–10° C
- Passt zu: Antipasti, Meeresfrüchten, Weichkäsesorten, Suppen, Fisch

Pinot Grigio

- Farbe: strohgelb bis bernsteinfärbig
- Duft: fruchtig
- Geschmack: feine Aromen von Heu, gereiften Walnüssen und Karamell
- Alkoholgehalt: 11–13 %
- Trinktemperatur: 8–10° C
- Passt zu: Fisch, leichten Vorspeisen, hellem Fleisch, Käse, Eiergerichten, auch als Aperitif geeignet

Chardonnay

- Farbe: strohgelb
- Duft: elegant nach Apfel
- Geschmack: Akazien, Banane, Zitrus, trocken, im Barrique ausgebaut, cremig und füllig
- Alkoholgehalt: 11–13 %
- Trinktemperatur: 8–10° C
- Passt zu: Fisch, leichter Kost, auch als Aperitif geeignet

Verduzzo

- Farbe: grünlich
- Duft: Birne, Aprikose
- Geschmack: Apfel, Birne, Aprikose und Nektarine, fruchtig, lieblich, körperreich, leicht tanninhaltig
- Alkoholgehalt: 12–13,5 %
- Trinktemperatur: 8–10° C
- Passt zu: Rohschinken, Risotto, Wurstwaren, Omelette, Fisch

Abend am Chaweng Beach

etwas luxuriösere Cottages mit Familienzimmern. Kleiner Pool und Strandrestaurant. Erstklassiges Preis-Leistungs-Verhältnis. ●●

■ **Akwa Guesthouse**
Tel. 0 8466 00551
www.akwaguesthouse.com
Wohl das beste Guesthouse auf Samui, nur 2 Min. zu Fuß vom Strand entfernt. Poppig dekorierte, blitzsaubere Zimmer mit DVD- und MP3-Player, kostenlosem WLAN und sehr nettem Personal, das Ausflüge arrangiert. Tolle Penthouse-Suite. Das phänomenale Frühstück gibt's den ganzen Tag. ●

Restaurants

■ **Spirit House**
Tel. 0 7741 4101
www.spirithousesamui.com
Oase der Ruhe mitten in Chaweng in einer Spa-Anlage mit wirklich vorzüglicher Thaiküche, darunter Riesengarnelen mit Tamarindensauce, Massamam-Curry mit Rinderfilet oder rotes Enten-Curry. ●●●

■ **Prego**
Tel. 0 7742 2015
www.prego-samui.com
Vorzügliche italienische Küche im minimalistischen Ambiente des Amari Palm Reef Resort, auch Pasta und Pizza. Leckere Dolci und große Weinkarte. ●●●

■ **Poppies**
Tel. 0 7742 2419
www.poppiessamui.com
Internationale und Thai-Küche in tropischem Garten am Strand am Südende der Chaweng-Bucht. ●●—●●●

■ **Zico's**
Tel. 0 7723 1560-3
www.zicosamui.com
Echte brasilianische Churrascaria und heiße Shows gegenüber dem Centara Grand Beach Resort. ●●

■ **Cliff Bar & Grill**
zwischen Chaweng und Lamai
Tel. 0 7741 8508
www.thecliffsamui.com
Fabelhafter Ausblick, mediterrane Küche sowie australische Steaks und neuseeländische Lammkeulen. ●●

Lamai Beach auf Ko Samui

■ **Beverly Hills Restaurant**
zwischen Chaweng und Lamai
Tel. 0 7742 2232
www.samuibeverlyhills.com
Gute Thai-Gerichte, viele davon vege-
tarisch, und auch Europäisches, dazu
ein spektakulärer Blick bis nach Ko
Phangan. Viele Reisegruppen. ●

Nightlife

Chawengs Nachtleben ist turbulent. Im
Reggae Pub, einer Institution auf Ko
Samui mit Biergarten und künstlichem
Wasserfall, versacken die meisten
Nachtschwärmer und willigen Damen.
Nach Mitternacht wird hier Techno und
House für jüngeres Publikum gespielt.
Auch **Full Circle** und **Green Mango**
(www.thegreenmangoclub.com) sind
mittlerweile legendär unter den zahl-
reichen Chaweng-Discos und -Bars,
und wenn die schließen, zieht die
Menge weiter in den **Club Solo. Eine
neue schicke Lounge** ist die 2-stöcki-

ge **Q Bar** gegenüber dem Chaweng
Lake View Hotel. Sollten Sie sich mal
mit ihren Kindern ins Nachtleben stür-
zen wollen, sei **The Playroom** in der
South Chaweng Beach Rd. empfohlen,
eine Art Nightclub-Kindergarten für
2- bis 9-Jährige, wo jeden Tag von 16
bis 24 Uhr gespielt und abgetanzt werden kann.

Lamai 2

Lamai Beach ist nach einigen Kilometern mit atemberaubenden
Ausblicken auf der Küstenstraße
erreicht: Der Strand ist noch immer malerisch, vor allem an den
beiden Enden. Nur der Sand ist
gröber. Parallel zum Strand verläuft im Hinterland die Vergnü-
gungsmeile mit zahlreichen Restaurants, Shops und Bars.

Hotels

■ **Weekender Resort & Spa**
Tel. 0 7742 4429
www.weekender-samui.com
Großes, 2-stöckiges Mittelklassehotel.
Garten, Pool, einige geräumige Bunga-
lows mit Meerblick und klassischem
Thai-Mobiliar. Pavillon mit traditionel-
ler Thai-Massage und Aromatherapie.
●●—●●●

■ **Bill Resort**
Tel. 0 7742 4403
www.billresort.com
Schicke Unterkunft an einem ruhigen
Strandabschnitt, mit schön möblierten
Zimmern, Pool, Jacuzzi und Restaurant.
Sehr guter Service. ●●—●●●

■ **Orchid Suites**
Tel. 0 7723 2304
www.orchidsuite.com
Familiäres preiswertes Resort. Stroh-
gedeckte Hütten mit Teakboden,

Rattanmobiliar und großen Balkonen. Restaurant, großer Pool mit Bar und Blick auf die Bucht. ●●

Restaurants

■ **The Spa Restaurant**
Tel. 0 7742 4666
www.thespareports.net
Strandrestaurant des Spa-Resorts mit feinen vegetarischen Gerichten und frischem Seafood. ●●

■ **Sabeinglae Restaurant**
Tel. 0 8153 87045
Kleines, sehr schlichtes Lokal mit knackfrischen, leckeren Samui-Spezialitäten, darunter köstliche Scampi und höllisch scharfes Seafood-Curry. Karte nur auf Thai. ●

Nightlife

Als Open-Air-Nightclub sehr beliebt ist das **Bauhaus** in der Lamai Beach Rd. Getanzt wird im **Fusion** (Hip-Hop und House), **SUB** und **Club Mix.**

Strände der Nordküste

Weitere populäre Strände – mit gröberem Sand, schmaler und steiler als die an der Westküste, dafür insgesamt ruhiger – finden Sie an der Nordküste. Vom schön geschwungenen **Big Buddha Beach** (auch Hat Bangrak) **3** bleibt die namengebende Statue immer in Sichtweite: In 12 m Höhe meditiert ein kolossaler *Buddha, Samuis Wahrzeichen mit herrlicher Aussicht.

Das ruhige **Bophut 4** mit seinen kleinen Gassen und chinesischen Läden ist einer der wenigen Touristenstrände auf Ko Samui, wo man den Fischern noch zusehen oder sogar helfen kann. Kolo-

niales Ambiente bieten die Restaurants im **Fisherman's Village.**

Der schier endlose, steil abfallende **Maenam Beach 5** bietet eine breite Palette an Unterkünften und die Aussicht auf die Bergspitzen Ko Phangans.

Eine holprige Abzweigung von der Rundstraße um die Insel endet im Nordosten an weiteren Stränden und Buchten, etwa der hübschen **Samrong-Bucht.**

Hotels Big Buddha Beach

■ **The Saboey**
Tel. 0 7743 0450][www.saboey.com
Boutique-Hotel mit zauberhaftem, marokkanisch-asiatischem Design. Zimmer mit kostenlosem WLAN-Zugang, toller Infinity-Pool mit Meerblick und Jacuzzi. Das romantische Restaurant Quo Vadis serviert Tapas und marokkanisches Couscous. ●●●

■ **Nara Garden**
Tel. 0 7742 5364
www.naragarden.com
Ruhige Strandanlage unter Palmen mit Reihenhäusern aus Holz und Rattan. Pool. ●●

■ **World Resort**
Tel. 0 7742 7202
www.samuiworldresort.com
Reihenbungalows mit Blick auf den Pool, schöner Strand. ●●

Hotels Bophut Beach

■ **Anantara Resort and Spa**
Tel. 0 7742 8300
www.anantara.com
Populäres, aber unprätentiöses Wellnessresort. Moderne, mit lokalen Stoffen hübsch ausstaffierte Zimmer. Neben seinen erstklassigen Spa-Behandlungen bietet das Resort

Idylle am Big Buddha Beach an Ko Samuis Nordküste

Yoga- und Kochkurse an. Zwei Restaurants, Bar, Pool, großes Wassersportangebot. ●●●

■ Bandara Resort und Spa
Tel. 0 7724 5795
www.bandararesort.com
Große Anlage mit geschmackvoll eingerichteten Zimmern. Pool und Kinderbecken. Am Strand gibt es auch Luxusbungalows mit privatem Pool. ●●●

■ Eden Bungalows
Tel. 0 7742 7645
www.edenbungalows.com
Die kleine Oase der Ruhe befindet sich im Fisherman's Village. Schöne Bungalows in einem tropischen Garten. Kleiner Pool. Beliebt bei Familien. ●●

■ The Lodge
Tel. 0 7742 5337
www.lodgesamui.com
Minihotel am schmalen Strand, alle Zimmer mit viel Liebe eingerichtet, Meerblick. ●●

Hotels Maenam Beach

■ Santiburi Resort
Tel. 0 7742 5031-38
www.santiburi.com
Wer sich's leisten kann: Top-Anlage mit dem größten Pool der Insel und Ziegelhäusern im Garten und am Strand. Dazu drei exquisite Restaurants. Windsurfen und Segeln im Preis inbegriffen. ●●●

■ Paradise Beach Resort
Tel. 0 7724 7227

www.samuiparadisebeach.com

13 Thai-Villen, 6 Wasservillen und 86 luxuriöse Zimmer in einem schönen Garten direkt am Strand. 2 Pools, Wassersportangebot. Das Hotel steht unter Schweizer Leitung. ●●●

■ Napasai
Tel. 0 7742 9200

www.napasai.com

Isoliert auf einem Felsvorsprung am westlichen Strandende angelegtes Resort. Die luxuriösen Teakhütten bieten Privatpools und Bäder mit riesigen Wannen. Gutes Restaurant, erstklassiges Spa. ●●●

Restaurant Big Buddha Beach

Sea Breeze
Secret Garden Beach Resort
Tel. 0 7724 5255

www.secretgarden.co.th

Gemütliches Strandrestaurant mit schmackhaften Thai-Gerichten. Sonntags gibt es Livemusik mit internationalen Gruppen. ●—●●

Restaurants Bophut Beach

Besonders empfehlenswert für ein romantisches Dinner ist ein Ausflug zum **Fisherman's Village** am östlichen Ende des Bophut Beach.

■ Zazen
Tel. 0 7743 0345

www.samuizazen.com

Das gleichnamige Spa-Resort serviert ökologische Fusionsküche in romantischem Ambiente bei Kerzenlicht mit Meerblick. ●●●

■ Happy Elephant
Fisherman's Village
Tel. 0 7724 5347

Beliebtes Lokal mit leckerem Seafood und scharfer Fischsuppe, abends mit BBQ-Gerichten. Schönes Ambiente und netter Terrassenblick auf den Strand. ●

■ Siam Classic
Fisherman's Village
Tel. 0 7743 0065

Das Thai-Tanz-Restaurant bietet Mo, Di, Fr eine Dinnershow (ab 19.45 Uhr) und Mi, Do, Sa eine Suppershow ab 21.30 Uhr. Gezeigt werden dabei klassische Tänze, z.B. mit Szenen aus dem Ramakien (> S. 34) . Reservierung empfehlenswert. ●●

■ Starfish & Coffee
Fisherman's Village
Tel. 0 6774 2720

Romantische, in warmes Rot getauchte kleine private Nischen und eine große

Auswahl an frischen Meerestieren vom Grill laden ein zum entspannten Dinner. Schöner Meerblick. ●

Nightlife

■ In der Beach Bar Gecko Village trifft sich der halbe Bophut Beach, denn hier legen bekannte DJs auf. Legendäre Sonntagspartys.

■ Wer die Full Moon Party auf Ko Phangan › S. 128 verpasst hat, kann zur Blackmoon-Party an den Secret Beach der Samrong Bay fahren. An diesem Strand im Nordosten der Insel (erreichbar nur per Sammeltaxi) etabliert sich zurzeit die neue Partyszene.

Die Südküste

Auch im Süden verstecken sich noch absolut idyllische Ecken und winzige, fast menschenleere Prachtstrände, allerdings bei Ebbe meist nur zum Plantschen geeignet. Dafür verläuft in dieser weniger touristischen Gegend der Alltag der Chao Samui, des Samui-Volkes, noch im gleichen Rhythmus wie schon vor hundert Jahren: In den verschlafenen Küstenorten **Ban Hua Thanon** 6 und **Ban Taling Ngam** 7 leben bis heute vorwiegend Fischer und Besitzer von Kokosplantagen.

Hotels

■ **Easy Time**
Phang Ka][**Tel.0 7792 0111**
www.easytimesamui.com
Kleines, etwas landeinwärts gelegenes Resort fernab jeglichen Massentourismus mit idyllischem Pool, elegant eingerichteten Doppelbungalows und Restaurant mit thailändischer und italienischer Küche. ●●

■ **Samui Marina Cottage**
442 Moo 1 Tombon Maret
Ban Nakhai][**Tel. 0 7742 7238**
www.samui-hotels.com/
samuimarina
Kleine hübsche Reihenhäuschen, manche mit Klimaanlage. Großer Pool im Garten, Fitnessraum, sehr gutes Thai-Restaurant und Beach Bar, flacher Strand. ●—●●

Info

■ **Tourism Authority of Thailand (TAT)**
Nathon, im Norden zwischen Post und Polizei, nahe dem Pier
Tel. 0 7742 0504
Kostenlose gute Broschüren wie »Samui Explorer«, »Samui Guide« und »What's On Samui«.

■ Infos zu vielen Hotels und Sehenswürdigkeiten unter **www.sawadee.com**, zu Restaurants unter **www.samuidiningguide.com.**

Anreise

■ **Flüge:** Bangkok Airways von/nach Bangkok (Flüge nach Suratthani auf dem Festland mit Fährüberfahrt nach Samui sind preiswerter), Pattaya, Phuket, Singapur und Hongkong. Vom **Samui Airport (Tel. 0 7742 5012)** gibt es Shuttles und Minivans zu den größeren Hotels (ca. 200 Baht). Die längste Fahrt (Laem Set) dauert etwa 45 Min.

■ **Bus und Eisenbahn:** Mit dem Bus rund 11 Std. bis Suratthani, der Zug von Bangkok benötigt etwa 10–12 Std. bis zum Bahnhof Phunpin (13 km von Suratthani). Von Suratthani weiter mit dem Schiff.

■ **Schiffe:** Tgl. von/nach Suratthani: Expressboote von **Songserm Travel**

(Tel. 0 7728 7124, www.songserm-expressboat.com) oder **Seatran Discovery** (Tel. 0 7724 6086, www.seatrandiscovery.com) benötigen 2 Std. und kosten 150 Baht. Nachtboot (6 Std.), Autofähre (1½ Std.). Ein Taxi vom Pier in Nathon nach Chaweng kostet etwa 200 Baht. Tgl. Boote von/nach Ko Phangan (max. 2 Std., 130 Baht).

Entdeckungstour unter Wasser

Aktivitäten auf Samui

■ **Planet Scuba**
Malibu Beach Resort
Chaweng Beach][Tel. 0 7741 3050
www.planet-scuba.net
Die renommierte Tauchschule gilt als die beste der Insel.

■ **Discovery Divers**
Chaweng Beach][Tel. 0 7741 3196
www.discoverydivers.com
Ebenfalls ein guter Tauchanbieter.

■ **Canopy Adventures**
Best Beach Bungalow
Chaweng Beach][Tel. 0 7741 4150
www.canopyadventuresthailand.com
Hier kann man sich am Drahtseil wie Tarzan durch den Inseldschungel schwingen.

■ **Blue Stars**
Chaweng][Tel. 0 7741 3231
www.bluestars.info
Kajakausflüge in den Ang Thong Marine National Park.

■ **Samui Ocean Sports**
Chaweng Regent Beach Resort
Tel. 0 819401999
www.sailing-in-samui.com
Jachtcharter und Segelkurse, unter deutscher Leitung.

■ **Santiburi Samui Country Club**
Maenam Beach][Tel. 0 7742 1700
www.santiburi.com

18-Loch-Green, der einzige Golfplatz der Insel.

■ **Yoga Thailand**
Laem Sor Beach][Tel. 0 7792 0090
www.yoga-thailand.com
Kurse und Training in Yoga in berauschend schöner Lage an der Südküste.

Shopping auf Samui

Das größte Angebot finden Sie in den Boutiquen und Läden am **Chaweng Beach**; zwischen Al's Resort und der Hauptstraße liegt der größte **Supermarkt** von Chaweng, wo es auch eine deutsche Bäckerei gibt. Stöbern Sie im **Samui Handicraft Center** zwischen Kitsch und Kunst (Inselringstraße, an der südlichen Kreuzung nach Chaweng; tgl. 9–22 Uhr). Schicke Urlaubsmode gibt's bei **Phuket Mermaids** (www.phuketmermaids.com), **Chandra** (www.chandra-exotic.com) und **Vanities,** alle in der Chaweng Beach Rd.

cht gut!

cht gut!

Einheit von Körper, Geist und Seele

Wellness – Wege zum ganzheitlichen Wohlbefinden – kennt man in Thailand schon über 2500 Jahre. Aus China und Indien kam mehr als 500 Jahre v. Chr. das Wissen um die Heilkunst, die damals auf einen tief verwurzelten Naturglauben aufbaute, in dem Mystisches und Astrologisches sich in den Ritualen wiederfindet. So alt sind beispielsweise die Techniken der **Nuat Phaen Boran,** der klassischen Thai-Massage. Heute ist das Angebot an Körper- und Gesichtsbehandlungen, Massagen und vielen anderen Verlockungen immens.

Klassische Thai-Massage

In vielen Hotels und Day Spas können Sie sich von Profis dehnen und drücken lassen – für unbewegliche westliche Besucher ist dies zunächst oft schmerzhaft, aber mit jeder Massage stellt man fest, dass man beweglicher wird.

König Rama III. war von seinen Masseuren so begeistert, dass er vor 200 Jahren sämtliche streng festgelegten Massagegriffe an den Tempelfiguren des Wat Pho in Bangkok in Stein gravieren ließ. Auch heute noch können Sie sich in der dem Tempel angeschlossenen Schule massieren lassen oder einen Kurs belegen.
Wat Pho's Thai Traditional Medical and Massage School
Tel. 0 2221 2974][www.watpho.com

■ **Phuket Health Spa**
Kata Beach Spa Resort
5 Pakbang Rd.][Kata Beach
Phuket][Tel. 0 7633 0914
www.phuket-massage.com
Professionelle Massagen und Kurse.

■ **Maritime Park & Spa Resort**
Tungfah Rd.][Muang][Krabi
Tel. 0 7562 0028-46
www.maritimeparkandspa.com
Speziell klassische Thai-Massagen.

Fußreflexzonen-massage

Himmlisch sind auch die klassischen Thai-Fußmassagen. Die Füße gelten als Spiegelbild von Organen, Drüsen, Gliedmaßen und Sinnesorganen. Verbunden über Nervenstränge, die in den Füßen sitzen, sind diese Körperteile über entsprechende Druckpunkte zu beeinflussen.

Ban Sabai Spa Ko Samui
Big Buddha Beach und Sunset Beach
Ko Samui][Tel. 0 7724 5175 oder
0 7742 7444][www.ban-sabai.com

Wellnesshotels

Sie sind meistens topelegant, teuer und bieten in ihren Spas eine ganze Reihe klassischer Treatments in unvergleichlichem Ambiente. Die Bandbreite reicht vom Hautpeeling mit thailändischer Kräutertinktur bis zur Chewajit, der gesunden thailändischen Küche, die auf körperreinigenden Kräutern wie Chili, Ingwer oder Zitronengras basiert.

■ **Diamond Cliff Resort & Spa**
284 Prabaramee Rd.][Patong Beach
Phuket][Tel. 0 7634 0501-6
www.diamondcliff.com

Wellnesshotel in spektakulärer Lage mit luxuriösen Spa-Einrichtungen.

■ **Tamarind Retreat**
205/3 Thong Takian][Ko Samui
Tel. 0 7742 4221
www.tamarindretreat.com
Ruhige Fluchtburg für Gestresste.

■ **Six-Senses Resorts & Spas**
www.sixsenses.com
Drei Resorts auf **Ko Samui, Phuket** und **Ko Yao Noi** bei Phuket bieten Erholung in gehobenem Ambiente. Entspannung und Regenerierung aller Sinne ist das Hauptziel – weshalb es für Eltern eine Kinderbetreuung gibt. Auch Nicht-Hotelgäste können in den Genuss des Spas kommen.

Day Spas

Für spontan Entschlossene gibt es Wellnesszentren, in denen man sich einige Stunden lang verwöhnen lassen kann, z.B. mit Massagen, Aromatherapie, Kräuterbehandlungen oder Thai-Ayurveda.

Baan Wanphum Health Cottage &
Herbal Hydrotherapy Spa
Nähe Wat Chalong
im Süden von Phuket
Tel. 0 7635 2066
Schwerpunkt: Thai-Ayurveda.

**Ko Phangan

Die nach Samui zweitgrößte Insel dieser Region weist eine ähnliche Vegetation auf, ist aber viel weniger erschlossen. Bezogen früher Rucksacktouristen die einfachen Unterkünfte, bieten die Resorts von heute viel Komfort.

Ko Phangan hat eine beschauliche Hauptstadt, **Thong Sala** 8, mit vielen kleinen Boutiquen und Märkten. Einsame Buchten gibt es ebenso wie einen berühmten Partystrand. In einigen Wasserfällen lässt es sich nach der Regenzeit herrlich baden.

Bereits vier Könige besuchten die Insel. Noch heute ist sie daher Wallfahrtstätte für Thais. Einen Besuch wert ist der älteste Tempel der Insel **Wat Khao Phu Noi** 9. Hier empfängt der Englisch sprechende Mönch Son Chai alle Besucher sehr herzlich und lässt es sich nicht nehmen, auch Touristen zu segnen. In bunter Farbenpracht erhebt sich der chinesische Tempel **Kuan Yin** 10 auf einem Hügel im Norden der Insel über die Bucht von Chalok Lam.

Berühmt ist Ko Phangan in aller Welt wegen seiner Full Moon Partys, die jeden Monat Tausende Tanzfreunde an den malerischen **Hat Rin** 11 im Süden locken. Der Strand mit seinem glasklaren Wasser zieht seit den 1980er-Jahren Traveller in seinen Bann. Einst gab es hier Kräutertee und Gitarrenklänge, heute haben die Partyfreunde des Techno-Zeitalters den Strand erobert. Seit hier DJ-Größen wie Sven Väth auflegten, hat sich die Vollmondparty zum größten monatlichen Party-Event der Welt gemausert. Mehrere tausend Menschen feiern am Strand, Neonleuchten tauchen Dutzende Bars in surreales Licht. Boxen so groß wie Kleinlaster hämmern ihre Beats hinaus aufs Meer. Getanzt wird noch, wenn die Sonne schon wieder vom Himmel brennt. Es folgt die After-Party, die ab 10 Uhr morgens in **Ban Tai** ❯ S. 129 beginnt.

Doch damit nicht genug: Ko Phangan bietet noch Black Moon Partys, Half Moon Partys und diverse kleinere Strandfeiern. Kleine Plastikeimer mit einer Mixtur aus Wodka und Red Bull gehören noch zu den harmloseren hier konsumierten Rauschmitteln. [!] Illegales wird auch von Polizisten in Zivil angeboten, mit verhängnisvollen Folgen.

Ruhigere Buchten und Strände mit den unterschiedlichsten Hotelanlagen sind mittlerweile über die gesamte Inselküste verstreut, einige sind jedoch so durch die

Echt gut

Ko Phangan

bergige Wildnis Ko Phangans abgeschirmt, dass sie nur per Boot, einem schweißtreibendem Fußmarsch oder nach holpriger Jeepfahrt zu erreichen sind – etwa die **echt gut!** idyllischen Buchten *Thong Nai Pan Yai** und **Thong Nai Pan Noi** 12 (Boote vom Big Buddha Beach auf Ko Samui), die im Osten hinter dem Khao Ra (627 m) liegen. Von hier können Sie mit dem Boot einen Abstecher zum **echt gut!** fast unberührten Strand *Hat Khuat** 13 unternehmen.

Zu stundenlangen einsamen Wattspaziergängen laden der flache **Thong Sala Beach** und der sich daran anschließende **Ban Tai Beach** 14 ein; von hier kann man bei Niedrigwasser bis nach Hat Rin ganz im Südosten laufen.

Hinter Hat Rin wird es immer einsamer, je weiter man an der Ostküste mit dem Boot entlangtuckert: Zwischen Mangroven und unter Palmen liegt der winzige **Hat Tien,** an dem mit Vorliebe meditiert wird, gefolgt vom **Hat Sadet,** an dem sich Ruhesuchende noch wohlfühlen.

An der Westküste lässt es sich bei Flut gut schnorcheln, bei Ebbe kann man über eine Sandbank von der **Mae Hat Bay** 15 zur Mini-Insel **Ko Ma** im Nordwesten laufen. Mangroven, Kasuarinen und Palmen säumen die Strände an dieser Seite Phangans, wo Schwimmer allerdings auf die Flut warten müssen, wenn sie nicht mit den Korallenriffen kollidieren wollen. Am schönen **Hat Salad** 16 mit seinem feinen Sand hat sich ein Resortangebot entwickelt, das

jene anzieht, die früher eher auf Samui Urlaub machten. Besonders viele Hotels säumen den *Hat Yao Beach** und den sich südlich anschließenden **Chao Pao Beach** 17, zwei schöne Badestrände an der Westküste.

Info

■ Kleiner **Infokiosk** am **Thong Sala Pier**, **Tel. 0 7742 1281.**
■ Zu den **Full Moon Partys** im Internet unter **www.fullmoonparty-thailand.com**

Anreise

Schiffe tgl. von/nach Don Sak (55 km östlich von Surratthani, 2 Std.), von/nach Ko Samui/Nathon (1–2 Std.); Schnellboote ab Big Buddha Beach bzw. Maenam Beach nach Thong Sala (30 Min.); tgl. von/nach Ko Tao (1 Std., 250 Baht).

Hotels

■ **Santhiya**
Thong Nai Pan Noi Beach 12
Tel. 0 7723 8333
www.santhiya.com
Luxuriöse Anlage im traditionellen Thai-Stil am Hang. Großer Pool und Privatstrand (reichlich grober Sand) in einer kleinen Bucht. Bei Buchung wird der Transfer von Ko Samui organisiert.
●●●

■ **Panviman Resort**
Thong Nai Pan Noi Beach 12
Tel. 0 7744 5101-9
www.panviman.com
Tolle Lage: Häuschen am Hang oberhalb zweier Buchten und Zimmer in Hotelbau, schöne Poollandschaft. Restaurant mit Aussicht oder direkt am Strand, Spa. ●●●

Die tollsten Aussichtspunkte

■ Einen fabelhaften Ausblick über die Strände von Chaweng und Lamai bietet die **Cliff Bar** auf Ko Samui ❯ S. 119.

■ Vom Big Buddha Beach führen Stufen hinauf zum **Big Buddha** und zu einer fantastischen Aussicht – am schönsten frühmorgens ❯ S. 121.

■ Von den Felsen von **Ko Nang Yang,** einem Privatinselchen vor der Nordostküste von Ko Tao, genießt man einen Postkartenblick über eine Inselkette mit leuchtend weißen Sandbrücken im türkisfarbenen Meer ❯ S. 132.

■ Der **Utthayan Hill** auf Ko Wua Talap belohnt Wanderer mit einem berauschenden Panorama des Archipels Ang Thong Marine National Park ❯ S. 135.

■ Eine fabelhafte Aussicht über Bangkok und den Chao Phraya bieten die zahlreichen Sky Bars der Stadt, z.B. **Sirocco** auf dem State Tower in der Silom Road ❯ S. 66.

■ Zwischen Kata und Chalong schweift der Blick von der fast vollendeten **größten Buddhastatue der Welt** über die weißen Strandbuchten im Süden von Phuket ❯ S. 82.

■ Berühmt sind die Sonnenuntergänge am **Laem Phromthep,** dem »Kap der Götter«, im Süden von Phuket ❯ S. 82.

■ Vom **Aussichtspunkt hoch über der Ton Sai Bay und Lo Dalam Bay** genießt man einen berauschenden Blick über den Isthmus von Ko Phi Phi Don mit seinen blendend weißen Strandsicheln ❯ S. 106.

■ **Milky Bay Resort**
Ban Tai Beach 14
Tel. 0 7723 8566
www.milkybaythailand.com
Schöne Bungalows in schattiger Anlage mit Pool. ●●—●●●

■ **Drop In Club**
Hat Rin Beach 11
Tel. 0 7737 5444
www.dropinclubresortandspa.com
Große angenehme Anlage mit Pool und allen Annehmlichkeiten. Junges Publikum. ●●—●●●

■ **Green Papaya Resort**
Hat Salad Beach 15
Tel. 0 7734 4230
www.greenpapayaresort.com
Großer Pool, saubere, geräumige und schön gestaltete Bungalows mit großem Balkon. Hübscher Garten und leckeres Frühstücksbuffet. ●●—●●●

■ **Blue Ocean Garden**
Chao Pao Beach 16
Tel. 0 8963 68189
www.blueoceangarden.com
Resort in idyllischem Tropengarten mit komfortablen, im modernen Thai-Stil eingerichteten Bungalows direkt am Strand, italienischem Restaurant und Spa. Kostenloser WLAN-Zugang. ●●

Restaurants

Es gibt zahlreiche internationale Restaurants, vor allem in **Thong Sala** und am **Hat Rin Beach.** In den Resorts werden auch immer wieder Grill-Abende veranstaltet.

■ **Sheesha Bar & Lounge**
Ban Chalok Lam
Tel. 0 7737 416
Internationale Küche in gehobenem Ambiente inmitten des Fischerdorfes an der Nordküste. In der Hauptsaison abends reservieren. ●—●●●

■ A's Coffee Shop

Thong Sala][**Tel. 0 7737 7226**
Gutes Thai- und italienisches Essen, dazu frisch gebrühter Kaffee. Besonders empfehlenswert ist der Coconut-Icecream-Shake mit ==hausgemachtem Kokosnusseis.== ●—●●

Tauchen

■ Haad Yao Divers

Sandy Bay Bungalows][**Hat Yao**
Tel. 0 6279 3085
www.haadyaodivers.com

■ Phangan Divers

Hat Rin][**Tel. 0 7737 5117**
www.phangandivers.com

■ Chaloklum Diving

Ao Chalok Lam][**Tel. 0 7737 4025**
www.chaloklum-diving.com

11 *Ko Tao 18

Die Meeresschildkröten, nach denen diese gerade einmal 21 km² große Insel nördlich von Ko Phangan benannt ist, sind weitergezogen, doch bietet Ko Tao eine **fantastische Unterwasserwelt** mit farbenprächtigen Korallenriffen, Myriaden bunt schillernder Fische und größeren Lebewesen wie Haie und Rochen, besonders um die **Shark Islands** und die ganz mit Seeanemonen überzogenen vier Unterwasserfelsen **Chumphon Pinnacles.** Hier tummeln sich Graue Riffhaie, Barrakudas, Zackenbarsche sowie Clown- und Fledermausfische. Die Tauchgruppen, Jachten und Ausflugsboote kommen aus dem ganzen Golf hierher.

Steinhäuschen, Tauchschulen, die etwas preiswerter sind als an-

Tauchschule auf Ko Tao

derswo in Thailand, und Restaurants sprießen zwischen dem sandigen, über 3 km langen **Hat Sairee** und **Mae Hat** an der Westküste aus dem Boden und verdrängen die spartanischen Hütten der ersten Urlauber-Ära. Inzwischen gibt es Discos, internationale Küche und natürlich jede Menge Tauchbasen. Die Konkurrenz unter den Bungalowanlagen ist groß, sodass sich die Schlepper am Pier mit Fotoalben und Preislisten um die Neuankömmlinge drängeln. So manch Neuer hat den ersten Tauchgang schon gebucht, bevor er den Rucksack absetzen konnte, denn in einigen rustikaleren Dive Resorts bekommt man nur so ein Zimmer. Schicke Hotelanlagen sind jedoch auf dem Vormarsch.

Ko Tao besitzt hübsche, an der Ostküste von Granitblöcken eingerahmte Buchten mit grobkörnigem Sand, die tagsüber erfreulich leer sind, da sich die meisten Urlauber weit draußen unter Wasser tummeln. Besonders taucherfreundlich ist **Ao Hin Wong,** wo sich in glasklarem Wasser zahlreiche Buntbarsche und Schmetterlingsfische tummeln. Wanderer können den Regenwald im Inselinneren erkunden.

Vom Hat Sairee kann man mit einem Longtail (in der Hochsaison auch mit einer Fähre) nach ***Ko Nang Yang** übersetzen, einem Privatinselchen vor der Nordostküste Ko Taos, eigentlich eine Inselkette aus drei Miniatur-Eilanden, **deren leuchtend weiße Sandbrücken** bei Ebbe aus dem türkisfarbenen, kristallklaren Meer auftauchen. Die seichten Sandstrände sind besonders kinderfreundlich. Hier kann man wunderbar schnorcheln und tauchen oder auf Felsen klettern.

Anreise

Tgl. **Boote** von **Lompraya High Speed Ferries** (www.lomprayah.com) und **Ko Tao Tickets** (www.kohtaotickets.com) von/nach Ko Phangan (1 Std.), Chumphon (max. 4 Std.), Ko Samui (ab Nathon, Maenam und Bophut) per Speedboot (1½ Std.; keinesfalls bei rauem Meer nehmen!) und Suratthani (7 Std.).

Hotels

■ Jamahkiri Spa & Resort

Chalok Ban Kao][**Tel. 0 7745 6400**
www.jamahkiri.com
Wohl das schickste Resort auf Ko Tao, das besonders Taucher mit Wellnessansprüchen erfreut. Durch die Panoramafenster der im modernen Thai-Stil eingerichteten Wohnpavillons blickt man hinunter auf die Bucht. Sehr gutes Restaurant und Spa, aber viele steile Stufen. ●●●

■ View Point Resort

Chalok Ban Kao][**Tel. 0 7745 6444**
www.kohtaoviewpoint.com
Die **exklusive Anlage im balinesischen Stil** liegt auf einem Hügel über dem Meer. Herrlicher Ausblick über die Bucht und schöne Gartenanlage. Die Besitzerin kümmert sich um Umweltschutz- und Sozialprojekte. ●●●

■ Charm Churee

Jansom Bay][**Tel 0 8989 57355**
www.charmchureevilla.com
Oberhalb einer verschwiegenen Bucht südlich von Mae Hat. Individuell eingerichtete Zimmer mit **fabelhaftem Meerblick.** Spa und erstklassiges Seafood-Restaurant. ●●●

■ Sensi Paradise Resort

Mae Hat Bay][**Tel. 0 7745 6244**
www.kohtaoparadise.com
Sehr umweltbewusste Luxusunterkunft mit schön eingerichteten Thai-Bungalows im Teak-Stil inmitten von Bougainvilleen. Terrasse und Bad unter freiem Himmel. ●●–●●●

■ Nang Yuan Island Resort

Tel. 0 7745 6088
www.nangyuan.com
Kleine Stege führen um drei Inselchen herum und verbinden die Bungalows unterschiedlichster Ausstattung. Die teuersten haben die beste Aussicht und liegen abseits des täglichen Tauch- und Besuchertrubels. Kleines Restaurant und Tauchbasis. ●●–●●●

■ Sunset Buri Resort

Hat Sairee][**Tel. 0 7745 6266**
Klimatisierte Bungalows in einer Gartenanlage mit Pool. ●●

■ Ban's Diving Resort

Hat Sairee][**Tel. 0 8330 40667**
www.bansdiving.de
Komfortables Resort, ein paar Schritte vom Strand entfernt. Eigenes Hausriff,

Echt gut!

Echt gut

Echt gut

2 Pools und Beach-Restaurant. Zimmer im traditionellen Thai-Stil, die neuesten mit Traumblick. Tauchschüler zahlen weniger. ●—●●

■ New Heaven Huts

Sai Daeng Beach][**Tel. 0 7745 7042**
www.newheavenkohtao.com
14 kleine Hütten hoch über dem Meer, nur vom Seewind gekühlt. **Herrlicher Garten, durch den bunte Schmetterlinge flattern.** Gleich vor der Küste liegt das Tauchparadies Shark Island. Die gleiche Familie führt auch das **New Heaven Resort** am westlichen Ende der Bucht **(Tel. 0 7745 6462)**, mit 10 sehr reizvollen Bungalows und einem vorzüglichen Restaurant. Die Besitzerin finanziert die einzige Schule der Insel. ●—●●

Echt gut!

Einladung zum Relaxen auf Ko Tao

Restaurants

An den Hauptstränden **Sairee** und **Mae Hat** gibt es zahllose Restaurants, auch mit internationaler Küche.

■ Café del Sol

Mae Hat][**Tel. 0 7745 6578**
Das Restaurant bietet neben hausgemachter Pasta und Pizza auch ein englisches Frühstück, neuseeländische Steaks und herzhafte Fischgerichte. ●●

■ Papa's Tapas

Sairee Beach (Siam Scuba)
Tel. 0 7745 6298
Außergewöhnliche Küche in großzügig gestaltetem Restaurant. Das Menü lohnt einen Test. Sogar kubanische Zigarren kann man hier rauchen. ●●

■ Elvis Restaurant & Beach Bar

Charm Churee Villa][**Jansom Bay**
Tel. 0 8134 65657
Das Restaurant bietet einen tollen Blick aufs Meer. Inmitten eines tropischen Gartens werden leckere Thai-Gerichte serviert. Im angrenzenden

Spa kann man vor dem Essen schön entspannen. ●—●●

■ Taraporn Restaurant

Chalok Ban Kao][**Tel. 0 8789 56441**
Großartiger Blick auf die Bucht bei leckeren Thai-Gerichten wie *Curry panaeng* und Huhn mit Basilikum. ●

Nightlife

Tauchen und trinken ist die Lieblingsbeschäftigung der Urlauber auf Ko Tao. Letzeres findet am Hat Sairee in Bars wie **Fizz, Lotus, Whitening, Dirty Nelly's Irish Pub** und **Tattoo Bar** statt.

Tauchen

Von den 40 Tauchanbietern auf Ko Tao, die größtenteils dem auf Ökologie und Preisstabilität bedachten Kollektiv Koh Tao Dive Operators angehören, kümmern sich einige ganz besonders um umweltschonendes Tauchen und Riffpflege.

■ New Heaven Dive School

48 Moo 3][**Chalok Ban Kao**
Tel. 0 7745 6587
www.newheavendiveschool.com

Die Ko Wat Ta Lap Bay im Ang Thong Marine National Park

Tauchgruppen mit maximal vier Teilnehmern, Studientauchgänge, Riffsäuberungen, Tiefsee- und Wracktauchen.

■ **Crystal Dive**
Mae Hat
Tel. 0 7745 6106
www.crystaldive.com
Tauchexkursionen zum Sail Rock mit vertikalem Kamin, den Chumphon Pinnacles und dem besonders anspruchsvollen, da strömungsreichen South West Pinnacles. Sehr beliebt sind auch die Vollmondtauchgänge bei Shark Island und zu den <mark>besonders farbenprächtigen Korallenbänken</mark> von White Rock.

Echt gut

12 ▶ Ausflug in den *Ang Thong Marine National Park 19

42 Inseln gehören zum Archipel des Meeresnationalparks Ang Thong, der 20 km westlich von

Die meisten Eilande bestehen aus Kalksteinbergen, an deren Hängen tropischer Regenwald mit wilden Orchideen ziemlich unvermittelt in einsame Sandstrände übergeht. Einige Inseln verstecken Tropfsteinhöhlen oder Bergseen in ihrem Innern; eine malerische Lagune liegt beispielsweise auf **Ko Mae Ko** – der **grün schimmernde Talay Nai** ist mit Salzwasser gefüllt und gehört zu den Hauptattraktionen in diesem Archipel: Baden ist allerdings streng verboten!

Echt gut!

Die Inselwelt mit ihren intakten Korallenbänken – z.B. bei **Ko Sam Sao** – und Mangrovenwäldern ist ein wichtiges Ökosystem. Schmetterlingsfische, Rochen und kleine Haie gehören zu der vielfältigen Fauna unter Wasser.

Das Naturschutzgebiet eignet sich auch zum Beobachten von Wasservögeln wie weißbäuchigen Seeadlern, Königsfischern und Nashornvögeln.

Die meisten Ausflügler begnügen sich mit dem Inselhüpfen per Kutter, andere ziehen das Kanu vor oder rücken mit Angelzeug, Fernglas und ornithologischem Fachbuch an.

Ko Samui beginnt. Mit ihren grün bewaldeten Buckeln, die bis zu 400 m hoch aus dem Meer ragen, sehen manche aus wie zugedeckte Riesen, die im Golf ein Nickerchen machen, andere wie Drachen im grünen Zottelkleid.

Wer auf dem Utthayan Hill auf **Ko Wua Talap** (»Insel der schlafenden Kuh«) die **berauschende Aussicht** genießt, würde sich vermutlich kaum wundern, wenn sich einer der Giganten langsam aus dem Wasser erhöbe.

Anreise

Ab Ko Samui, Ko Phangan und Ko Tao werden tgl. Tagestouren angeboten, z.B. per Schnellboot mit **Grand Sea Discovery** (Tel. 0 7742 7001, www.grandseatours.com), außerdem mehrtägige Touren im Kajak ab Nathon Pier (Ko Samui) mit **Blue Stars** (Tel. 0 7741 3231, www.bluestars. info).

Infos von A–Z

Ärztliche Versorgung

Die meisten Medikamente sind in den thailändischen Apotheken rezeptfrei erhältlich, auch Malaria-Prophylaxe. In Bangkok und den bekanntesten Badeorten gibt es internationale Kliniken, der medizinische Standard entspricht westlichen Maßstäben.

■ **Bangkok International Hospital**
2 Soi Soonvijal 7, New Petchburi Rd., Bangkok, Tel. 0 2310 3102,
www.bangkokhospital.com

■ **Phuket International Hospital**
44 Chalermprakiat Rot 9 Rua, Phuket, Tel. 0 7624 9400,
www.phuketinternationalhospital.com

■ **Bangkok International Hospital Samui**
Ko Samui, nahe Chaweng Beach, Tel. 0 7742 9500,
www.samuihospital.com

Höchst empfehlenswert ist eine Auslandsreisekrankenversicherung (die gesetzliche Krankenversicherung zahlt für Thailand nicht, privat Versicherte sollten sich erkundigen), die unbedingt den medizinisch notwendigen (noch besser: den medizinisch sinnvollen) Rücktransport im Notfall mit einschließen sollte.

Ausrüstung und Gepäck

Packen Sie leichte Sachen, auch längere Röcke und Hosen sowie T-Shirts mit langen Ärmeln (für Tempelbesuche) ein, außerdem Mückenschutzmittel, Sonnencreme mit hohem Schutzfaktor, Sonnenhut und Sonnenbrille sowie eine leichte Strickjacke für klimatisierte Restaurants. Für Trekking in der Regenzeit sollten sie eine Regenjacke o.Ä. sowie rutschfeste Schuhe nicht vergessen. Für den Strandurlaub reichen Sandalen und Turnschuhe. Fast alle Hotels und Gästehäuser waschen Kleidung preisgünstig und schnell.

Diplomatische Vertretungen

Thailändische Botschaften und Konsulate in Europa:

■ Lepsiusstr. 64–66, 12163 Berlin,
Tel. 0 30/79 48 11 17,
www.thaiembassy.de

■ Cottagegasse 48, 1180 Wien,
Tel. 01/4 78 33 35,
www.thaiembassy.at

■ Löwenstrasse 42, 8001 Zürich,
Tel. 043/344 7000,
www.thai-consulate.ch

In Thailand:

■ **Deutsche Botschaft**
9 South Sathorn Tai Rd., Bangkok,
Tel. 0 2287 9000,
www.bangkok.diplo.de

■ **Österreichische Botschaft**
14 Soi Nandha, South Sathorn Tai Rd., Bangkok, Tel. 0 2303 6046,
www.aussenministerium.at/bangkok

■ **Schweizerische Botschaft**
35 North Wireless Rd., Bangkok,
Tel. 0 2674 6900,
www.eda.admin.ch/bangkok

Einreise

Touristen aus Deutschland, Österreich und der Schweiz können ohne Visum mit einem sechs Monate gültigen Reisepass einreisen, wenn sie nicht länger als 30 Tage im Land bleiben wollen. Für längere Aufenthalte muss ein Visum bei einer diplomatischen Vertretung Thailands beantragt werden. Kinder benötigen für die Einreise einen eigenen Reisepass. Durch kurze Ausreise auf dem Landweg nach Kambodscha oder Myanmar (den sogenannten »Visa Run«, kein Visum für Nachbarland erforderlich) und eine erneute Einreise, können Sie Ihre Aufenthaltsgenehmigung zwar ganz unbürokratisch, aber nur noch um weitere zwei Wochen (früher vier) verlängern.

Elektrizität

220 Volt/50 Hz, ein Adapter für Flachstecker ist manchmal noch notwendig. Die meisten Anlagen haben kompatible Stecksysteme.

Feiertage

An Feiertagen und Wochenenden ist oft die ganze Nation auf den Beinen und im Lande unterwegs, dies gilt insbesondere für das Chinesische und das Thailändische Neujahrsfest (⟩ S. 37). Banken, Behörden und Museen haben an religiösen Feiertagen (⟩ S. 36) manchmal und an gesetzlichen immer geschlossen.

Gesetzliche Feiertage:
1. Januar: Neujahr
6. April: Chakri-Tag
1. Mai: Tag der Arbeit
5. Mai: Krönungsjubiläum Bhumiphols
12. August: Geburtstag von Königin Sirikit
23. Oktober: Chulalongkorn-Tag
5. Dezember: Geburtstag Bhumiphols
10. Dezember: Verfassungstag
31. Dezember: Silvester

Flughafengebühren und Flugrückbestätigung

Flughafengebühren: Bangkok und Phuket international 700 Baht (meist im Ticketpreis enthalten), national 100 Baht, Ko Samui 400 Baht. Einige Fluggesellschaften verlangen eine telefonische Bestätigung des Rückflugs spätestens zwei bis drei Tage vor Abflug *(reconfirmation)*.

Fotografieren

Die Thailänder lassen sich durchaus gerne fotografieren – manche Kinder bzw. die stolzen Eltern sind geradezu beleidigt, wenn Sie es nicht tun –, allerdings sollte man vorher höflich um Erlaubnis fragen. Besonders in Gebieten mit islamischer Bevölkerung sollte man sich mit dem Fotografieren von Menschen zurückhalten. Filme sind überall in Thailand erhältlich, Diafilme nicht immer; die Preise liegen etwas über denen in Deutschland. Auch Speicherchips für Digitalkameras bekommen Sie in allen Touristenzentren.

Geld, Währung, Umtausch

Einheimische Währung ist der Baht. Im Umlauf sind 1-, 5- und 10-Baht-Münzen sowie 10-, 20-, 50-, 100-, 500- und 1000-Baht-Scheine. Grundsätzlich empfiehlt sich die Mitnahme von Reiseschecks in €; sie sind sicher und erzielen die besseren Kurse (pro Scheck ist jedoch eine geringe Gebühr von 25 Baht zu entrichten). Überall im Land gibt es Geldautomaten. In allen Banken kann man mit Visa- und Masterkarten Geld ziehen, an vielen auch mit Cirrus- und Maestro-Karten (mit PIN-Code wie in Deutschland). Kosten: mindestens 4,50 €. Einige Anbieter von Visakarten nehmen keine Gebühren. Am Automat kann man meist 10 000 Baht, bei manchen Banken 20 000 Baht abheben. In großen Hotels werden die gängigen Kreditkarten akzeptiert.

Baht können in unbegrenzter Höhe eingeführt werden, bei der Ausreise in Nachbarländer dürfen jedoch nur 10 000 Baht ausgeführt werden, in andere Länder 50 000 Baht. Fremdwährungen unterliegen keinerlei Einschränkungen, sind aber ab einem Gesamtwert von 10 000 US-$ deklarationspflichtig.

Gesundheitsvorsorge

Impfungen sind nicht zwingend vorgeschrieben. Überprüfen Sie aber Ihren Impfschutz gegen Tetanus, Polio und Diphtherie. Impfungen gegen Typhus und Hepatitis A/B sind überlegenswert, wenn man sich länger in ländlichen Regionen Asiens aufhält. Streunende Hunde können Tollwutträger sein. Wer ohne Schutzimpfung gebissen wird, sollte sofort zum Arzt gehen. In Südthailand besteht nur ein geringes Malariarisiko, Phuket und Ko Samui sind malariafrei. Die beste Vorsorge – auch in Hinblick auf die immer häufiger resistenten Erreger – sind ein Moskitonetz, Mückenschutzmittel, helle, langärmelige Kleidung und Socken für die Nächte. Informieren Sie sich rechtzeitig bei Ihrem Arzt, einem Tropeninstitut oder unter www.fitfortravel.de.

Wer das Risiko von Magen-Darm-Erkrankungen vermeiden will, der verzichtet auf Speiseeis, gestoßenes Eis in Getränken (die zylindrischen Eiswürfel dagegen sind hygienisch einwandfrei), ungeschältes Obst, rohes Gemüse und Salate. Auf gar keinen Fall darf man in Thailand Leitungswasser trinken!

Die Reiseapotheke sollte neben persönlich benötigten Medikamenten enthalten: Mittel gegen Durchfall, Erkältungskrankheiten, Sonnenbrand sowie Wunddesinfektionsmittel, Verbandsmaterial und Pflaster.

Informationen

**Thailändisches Fremden-
verkehrsamt (TAT)**
Bethmannstr. 58, 60311 Frankfurt/M.,
Tel. 0 69/1 38 13 90,
www.thailandtourismus.de
TAT hat in allen wichtigen Fremdenverkehrsgebieten Büros, die englischsprachiges Infomaterial haben, auch das Personal spricht meist Englisch.

Kriminalität

Tragen Sie Wertsachen und Geld nicht in größeren Mengen mit sich herum und lassen Sie sie auch nicht im Zimmer offen und für jedermann zugänglich liegen. Die Hotels bieten Safes an, die Sie nutzen sollten.

Gewalt gegen Touristen gibt es höchstens in diversen Rotlichtvierteln. Gewarnt sei allerdings vor Trickbetrügern und Schleppern, die immer wieder mit der gleichen Masche an die ahnungslosen Fremden herantreten – und oft genug Erfolg haben: Da ist der bemitleidenswerte Englischlehrer und selbst ernannte »Tour guide«; der Tuk-Tuk-Fahrer, der Sie für 30 Baht oder gar ganz umsonst durch Bangkok kutschieren will (und dabei nur kurz mal bei seinem »Onkel«, dem indischen Schneider, anhält), oder der Edelsteinhändler, der Ihnen garantiert echte Steine verkaufen will – garantiert aus echtem Glas! Vorsicht gilt bei geradezu unglaublich verlockenden »Sonderangeboten« und »Einkaufstouren«, die Ihnen auf der Straße von freundlichen Fremden empfohlen werden – es gibt auch in Thailand nichts umsonst!

Seit Anfang 2004 kommt es im Süden immer wieder zu blutigen Auseinandersetzungen zwischen Muslimen und staatlichen Sicherheitskräften. Für die südlichsten drei Provinzen (außerhalb dieses Reisegebiets) gibt es sogar Reisewarnungen des deutschen Auswärtigen Amtes. Über den aktuellen Stand informiert dessen Website www.auswaertiges-amt.de. Auch werden in letzter Zeit auf langen Busfahrten in den Süden häufig Diebstähle gemeldet.

- **Notruf:** Polizei 191 und 123
- **Touristenpolizei:** 1155 (Servicenummer), 1699
- **Feuerwehr:** 199

Öffnungszeiten

Geschäfte haben tgl. von ca. 7–20 Uhr geöffnet (eventuell etwas später, dafür aber auch länger) Kaufhäuser tgl. von 10–21 Uhr, manche Supermärkte rund um die Uhr. Die Arbeitszeiten von Ämtern und Behörden sind in der Regel Mo–Fr 8.30–16.30 Uhr, Banken haben

Mo–Fr 9.30–15.30 Uhr geöffnet (Wechselstuben häufig tgl. bis ca. 21 Uhr). Museen sind meist montags, dienstags und an buddhistischen Feiertagen geschlossen und haben Mi–So 9–16 Uhr geöffnet.

Post und Telefon

Die Postämter sind Mo–Fr 8.30 bis 16.30 Uhr, Sa 8.30–12 Uhr geöffnet, einige Büros auch länger bzw. durchgehend (in Bangkok z.B. das General Post Office & Telecommunications Center, Charoen Krung Rd., zwischen dem River City Shopping Center und dem Oriental Hotel).

Telefongespräche können problemlos und bequem in allen Postämtern, Telefonshops, von Kartentelefonen und in Hotels geführt werden. Ein Preisvergleich lohnt.

Wer sein eigenes Handy mit in den Urlaub nimmt, kann vor Ort für etwa 6 € eine Prepaidkarte kaufen (inkl. Guthaben, diese kann z.B. in den 24 Stunden geöffneten Supermärkten aufgeladen werden). Mit der Vorwahl 007 (49) oder 009 (49) kann man besonders günstig nach Deutschland telefonieren. Die beste (aber auch teuerste) Verbindung garantiert die Nummer 001. Von Deutschland aus sind die Thailandnummern dank Billigvorwahlen besonders günstig zu erreichen.

Internationale Vorwahlen:
- Deutschland 00149
- Österreich 00143
- Schweiz 00141
- Thailand 0066

Trinkgeld und Steuern

Trinkgelder sind in Thailand nicht unbedingt üblich, werden aber von Reiseführern, Zimmermädchen und Bedienungspersonal gerne genommen. Auf die Hotel- und Restaurantpreise können bis zu 17 % Steuern und Servicezuschlag erhoben werden.

Zeitverschiebung

In Thailand gilt: Mitteleuropäische Zeit (MEZ) plus 6 Std., während der europäischen Sommerzeit plus 5 Std.

Zoll

Die Ausfuhr von Antiquitäten und Buddhastatuen ist generell verboten; Ausnahmegenehmigungen erteilt das Fine Arts Department im Bangkoker Nationalmuseum (Thanon Na Phra That, Tel. 0 2281 6766).

Dem Artenschutz zuliebe sollten Sie auf Souvenirs aus Elfenbein, Schildpatt, Schlangen- und Krokodilleder, Korallen, Muscheln usw. verzichten. Die Kontrollen bei der Einreise im Heimatland sind scharf: Gemäß Washingtoner Artenschutzabkommen ist die Einfuhr geschützter Tiere und Pflanzen sowie aller daraus gefertigten Produkte strengstens verboten. Derlei Gegenstände werden rigoros beschlagnahmt und es drohen drastische Strafen.

Die wichtigsten Zollfreigrenzen bei der Wiedereinreise nach Deutschland, Österreich und in die Schweiz: 200 Zigaretten, 1 l hochprozentiger Alkohol oder 2 l Wein; Geschenke, deren Gesamtwert 430 € bzw. 300 CHF nicht übersteigen darf.

Urlaubskasse	
Tasse Kaffee	0,60 €
Softdrink	0,60 €
Bier	1,20 €
Pat Thai (gebratene Nudeln)	1,20 €
Fleischgericht	2,50 €
Fischgericht	2–3 €
Taxifahrt (Kurzstrecke 5 km)	ca. 1,50 €
Mietwagen	ab 25 € pro Tag
1 l Superbenzin	1 €

Register

Bildnachweis

Alamy/Maria Grazia Casella: 63; Alamy/John Lander: 41; Alamy/Nick Ledger: 112; Alamy/Nicholas Pitt: U2-Top12-8; Alamy/Neil Setchfield: 16; Banyan Tree Hotels & Resorts: 79, 126; Bildagentur Huber/Gräfenhain: U2-Top12-5; Bildagentur Huber/R. Schmid: 45, 68; Bildagentur Huber/O. Stadler: 120; Oliver Bolch: U2-Top12-1; Richard Doring: 128; F1online/Rozbroj: U2-Top12-10; Fotolia/Frank Chang: 38; Fotolia/DigitalPress: 2-3; Fotolia/Andi Härer: U2-Top12-12; Fotolia/frantisek hojdysz: 125; Fotolia/Benjamin Husemann: 84; Fotolia/Hennie Kissling: U2-Top12-11; Fotolia/Koh-Thai: 8; Fotolia/schmecko: 91; Fotolia/Selcuk Arslan: 2-1; Fotolia/siamimages: 2-2; Nicole Häusler: 21, 30, 35,. 50, 51, 58, 107; La Flora Resort: 95; laif/Amme: U2-Top12-4, 81, 82; laif/Biskup: 6; laif/hemis: 5, 24; laif/hemis.fr/Marc Dozier: 56; laif/Frank Heuer: 18, 19, 111; laif/Gregor Lengler: 17; laif/Sasse: U2-Top12-6, 9, 65, 98, 133, 134; Paul Lees: 31, 117, 131; Sabine von Loeffelholz: 22; LOOK-foto/Martin Kreuzer: 61, 114; LOOK-foto/Ingolf Pompe: 42, 76, 80, 90; LOOK-foto/Thomas Stankiewicz: 44, 119, 122; Renate Loose: 83; mauritius-images/imagebroker/Dirk Enters: U2-Top12-9, 14; Martina Miethig: 20, 36, 108; Gudrun Rücker: 52, 53, 55, 71, 96, 102, 109; Santana Diving Phuket: 99; Tamarind Retreat/John McDermott: 127; Jürgen Skupsch: 101; Martin Thomas: 72, 104; Mario Weigt: U2-Top12-2, U2-Top12-3, U2-Top12-7, 11, 13, 75, 86, 89, 93.

Polyglott im Internet: www.polyglott.de

Impressum

Wir freuen uns, dass Sie sich für einen Reiseführer aus dem Polyglott-Programm entschieden haben. Auch wenn alle Informationen aus zuverlässigen Quellen stammen und sorgfältig geprüft sind, lassen sich Fehler nie ganz ausschließen. Wir bitten um Verständnis, dass der Verlag dafür keine Haftung übernehmen kann. Ihre Hinweise und Anregungen sind uns wichtig und helfen uns, die Reiseführer ständig weiter zu verbessern. Bitte schreiben Sie uns:

GVG TRAVEL MEDIA GmbH, ein Unternehmen der GANSKE VERLAGSGRUPPE
Redaktion Polyglott, Harvestehuder Weg 41, 20149 Hamburg, redaktion@polyglott.de

Wir wünschen Ihnen eine gelungene Reise!

Herausgeber: GVG TRAVEL MEDIA GmbH
Redaktionsleitung: Grit Müller
Autoren: Martina Miethig und Wolfgang Rössig
Neukonzeption: Wolfgang Rössig
Redaktion: Bintang Buchservice GmbH, Berlin; Lektorat: Thomas Rach
Bildredaktion: GVG TRAVEL MEDIA GmbH, Ulrich Reißer und Thomas Rach
Layout: Ute Weber, Geretsried
Titeldesign-Konzept: Studio Schübel Werbeagentur GmbH, München
Karten und Pläne: Kartografie GVG TRAVEL MEDIA GmbH, Hamburg
Satz: Schulz Bild & Text, Mainz
Druck und Bindung: Stürtz Mediendienstleistungen, Würzburg

Langenscheidt Mini-Dolmetscher

Da Thai in verschiedenen Tonhöhen gesprochen wird, kann ein und dasselbe Wort verschiedene Bedeutungen haben. Das macht Thai für Ausländer schwierig. Dennoch: Versuchen Sie sich zumindest an den wichtigsten Begriffen. Im allgemeinen werden Sie aber mit Englisch gut zurechtkommen.

Die wichtigsten Begriffe in Thai

Guten Tag, Auf Wiedersehen	Sawa**dih** kah (sagen Frauen), sawa**dih** kap (sagen Männer)
Entschuldigung	kor **tod**
Das macht nichts	**mai** pen rai
Viel Glück!	tschok **dih**!
Spaß haben	san**uk**
Kein Problem	mai pen rai
danke	kop kuhn **kah** (sagen Frauen), kop kuhn **kap** (sagen Männer)
ja	**kah** (sagen Frauen), **kap** (sagen Männer)
nein	mai tschai
wann	müa**rai**
wo	tie**nai**
Tempel	wat
Museum	pipi**tah**pan
Strand	**tschai** haht
Polizei	tam**ruat**
Krankenhaus	rong pah jah **bahn**
Arzt	mor
Unfall	ubatie**het**
Diebstahl	ka**moi**
Hilfe	**tschuai** du**ai**
Restaurant	lahn a**hahn**
(nicht) scharf	(mai) pet
Bus(bahnhof)	(sata**nih**) rot meh
Bahn(hof)	(sata**nih**) rot **fai**
Taxi	**te**ksi
Ausländer	fa**rang**
Toilette	hong **nahm**
wie viel (kostet es)?	tau **rai**?
(zu) teuer	**päng** bai
eins	**nüng**
zwei	**sohng**
drei	**sahm**
vier	**sih**
fünf	**hah**
sechs	**hog**
sieben	**dschet**
acht	**pät**
neun	**gao**
zehn	**sip**
elf	**sip et**
zwölf	**sip sohng**
zwanzig	je sip (oder: jip)
einundzwanzig	je sip et (oder: jip et)
dreißig	**sahm** sip
vierzig	**sie** sip
hundert	**nüng** roy
zweihundert	**sohng** roy
eintausen	**nüng** pan

Das Wichtigste in Englisch

Allgemeines

Ich heiße ...	My name is ... [mai **nehm**‿is]
Morgen	morning [**mohning**]
Nachmittag	afternoon [after**nuhn**]
Abend	evening [**ihw**ning]
Nacht	night [nait]
Wie bitte?	Pardon? [**pahdn**]
Ich verstehe nicht.	I don't understand. [ai **dohnt** ander**ständ**]
Wie heißt das?	What is this called? [**wott**‿is ðiß **kohld**]
Wo ist ...?	Where is ...? [**wä** r‿is ...]
Können Sie mir helfen?	Can you help me? [kän‿ju **hälp**‿mi]

Shopping

Wo gibt es ...?	Where can I find ...? [**wä**ə kən‿ai **faind** ...]
Wie viel kostet das?	How much is this? [**hau**‿matsch is‿ðiß]
Geben Sie mir 1 kg Bananen	Could I have a kilogram of bananas. [kud‿ai häw‿ə **kill**əgrämm‿əw bənanas]

Essen und Trinken

Die Speisekarte, bitte.	The menu please. [ðə **männ**ju plihs]
Brot	bread [bräd]
Kaffee	coffee [**koffi**]
Tee	tea [tih]
Orangensaft	orange juice [orrəndsch‿dschuhs]
Suppe	soup [ßuhp]
Fisch / Meeresfrüchte	fish / seafood [fisch / **ßih**fud]
Fleisch / Geflügel	meat / poultry [miht / **pohl**tri]
Reis	rice [reiß]
Gemüse	vegetable [wädschtəbl]
Salat	salad [**ßäl**əd]
Obst	fruit [fruht]
Bier	beer [**biə**]
Mineralwasser	mineral water [**minn**rəl wohter]

Der Bar-Code in Caorle

*„Die im venezianischen Nationalcharakter angelegte
Fröhlichkeit erlaubte es allen Schichten, sich zu einem
Gläschen Wein zusammenzufinden."*

Carlo Goldoni, italienischer Dichter über die Tradition der Ombra

„Andiamo all'ombra!" – Gehen wir in den Schatten! Gerne rufen sich das
die Caorlotti zu und ziehen los. Gemeint ist damit eine Tour in die kleinen
Weinbars von Caorle. Wer am Vormittag eines der typischen Lokale Caorles wie die Antica Taverna al Rio besucht, kann dort ein Stück venezianischer Kultur beobachten. Schon ab 11 Uhr vormittags sieht man die
Einheimischen bei ihrer ersten *ombra* des Tages – ein Glas gekühlter
Wein, zu dem sich im Laufe des Tages noch mehrere gesellen werden.
Müllmänner, Gemeindebedienstete, Polizisten und Pensionisten stehen
gemütlich an der Bar und unterhalten sich angeregt.

Der Begriff *ombra* entstand in Venedig und bedeutet Schatten. Da die
wandernden Weinverkäufer jeweils dem Schatten des Campanile folgten, um ihre Ware kühl zu halten, soll sich dieser Name für das Gläschen
Wein eingebürgert haben. Es handelt sich um einen wirklich kleinen
Schluck (lediglich 100 ml), schon ab 60 Cent erhältlich. So schnell ist man
also nicht angeheitert. Man sieht in Caorle auch kaum Betrunkene, die
Einheimischen wissen mit dieser Tradition umzugehen. Weiter nördlich
im Friaul kennt man diesen Brauch ebenso, dort spricht man vom *tajut*.
Gerne werden in den Bars dazu *cicchetti*, typische Häppchen, die stark
an die spanischen Tapas erinnern, gereicht. „Sarde in saor", „olive as-
colane" (frittierte gefüllte Oliven) und kleine *panini*, belegt mit Salami,
Spanferkel, Auberginen oder Sardellen, werden genussvoll verzehrt.

Das Nachtleben ist etwas beschaulicher als in anderen Touristenorten. Es gibt zwar eine Disco direkt am Strand – für einen Ballermann-Urlaub, wie ihn Jugendliche in den Nachbarorten Jesolo und Lignano suchen, reicht es aber wohl nicht. Und das ist ja auch das Gute. Nachtschwärmer finden dennoch ihr Glück, und zwar viel persönlicher und typischer. Im Centro Storico sind die zahlreichen Lokale nur wenige Schritte voneinander entfernt. Einheimische treffen sich gerne im Al Gatto Nero – eine rustikal eingerichtete Bar, in der man zu wirklich fairen Preisen ein Glas Wein oder ein Bier genießen kann. Zu den Getränken reicht man oft gratis kleine Snacks nach venezianischer Tradition. Wem nach einem gepflegten Bier ist, dem kann man die Birreria ai 3 Tini in der Fußgängerzone, in der Rio Terrà, empfehlen. Neben einer großen Auswahl an italienischem und deutschem Bier wird auch österreichisches Bier ausgeschenkt. „An die 50 Sorten werden wir schon haben", meint der Chef. Sehr stylish ist die Bar Bee Wine, die ihren Gästen gute Cocktails und ein einzigartiges Ambiente bietet. Das Lokal im atmosphärischen Altstadthaus ist leicht zu finden, weil die Fassade alle paar Minuten in einer anderen Farbe beleuchtet wird.

Möchte man eine kulinarische Abendrunde machen, lohnt es sich in einer der Strandbars den Sonnenuntergang zu bestaunen. Im Calligaro etwa, das 2010 sein 60-jähriges Bestehen feierte, oder in der neu umgebauten Bar Food Mami, die karibisches Flair an den Strandabschnitt Spiaggia di Ponente zaubert. Dazu gehört natürlich ein Glas Aperol Spritz, ein Klassiker, der in der Nähe von Caorle seine Wurzeln hat. Seit 1919 gibt es das in Padua aus Rhabarber, Chinarinde, Enzian, Blutorangen und aromatischen Kräutern hergestellte orange-rote Destillat. Als *spritz* (oder *sprizz*) wurde es erstmals in Venedig ausgeschenkt und ist seither als Aperitif in Italien nicht mehr wegzudenken. Es besteht aus Weißwein oder Prosecco, gemischt mit Soda und eben einem Schuss Aperol.

Anschließend sollte man sich ein Glas in Enos Wine Bar, der Vinothek in der Via della Serenissima, nicht entgehen lassen. Dazu eingelegte Köstlichkeiten wie Oliven oder Pfefferoni als Appetizer. Die Kellner sind dort gerne für ein kleines Plauscherl zu haben. Das Angebot der Weine erstreckt sich vom Veneto über das Friaul bis hin zur Toskana, einige Weine werden auch glasweise zu vernünftigen Preisen ausgeschenkt. Tolles Ambiente mit Ziegelwänden, überall Weinregale und chilliger Jazz. Wenn man Glück hat, spielt der Seniorchef selbst am Klavier.

Das Don Pablo ist tagsüber eine sehr schöne Strandbar mit Blick auf das glitzernde Meer. Im Keller des Lokals befindet sich eine Disco, die in der Hauptsaison täglich ab 23 Uhr geöffnet hat.

Wer es ruhiger will, findet in der Rio Terrà genügend Cafés und einen ganz besonderen Eisladen – die Casa del Gelato. Die Bedienung ist manchmal etwas gestresst, aber das Eis ist wohl eines der besten an der Oberen Adria, und die Terrasse mitten in der Fußgängerzone ein angenehmer Zwischenstopp für einen ruhigen Abend oder zum Abkühlen nach einem heißen Nachmittag am Strand. Ein Fixpunkt ein paar Meter weiter ist auch das Café Europa. Der Klassiker hat ganzjährig geöffnet, im Sommer der beste Platz, die vorbeiflanierende Menge zu beobachten. Sehen und gesehen werden ist hier der Leitspruch.

Neu ist die Bar Drizze e Scotte am Ende des Hafenbeckens auf der Piazza Giovanni XXIII. Eine entspannte Cocktail- und Weinbar mit jungen und fröhlichen Betreibern und Gästen, Livebands sorgen öfter für Clubatmosphäre. Die Chefin kommt aus der Lombardei: „Ich habe mich schon gut eingelebt, Caorle ist einfach nett." Ziemlich frisch auch das Bafile Gran Café im kürzlich renovierten Kulturzentrum Andrea Bafile auf der Piazza Matteotti vor der Fußgängerzone. Das Design ist extravagant, mit grüner Decke und kleinen, herunterhängenden schwarz-weißen Blumen, die Lampen sind ebenfalls von Designerblumen in Lila und Violett eingefasst, cool auch die Terrasse mit weißem Holz, passend zum Gesamtentwurf des Gebäudes. Das Angebot auf der Karte fügt sich nahtlos in das urbane Ambiente ein – Prosecco, Spritz, Cocktails und eisgekühlte, dicke Trinkschokolade in verschiedenen Geschmacksrichtungen (Minze, Zimt etc.).

Genießerfreuden in Caorle

Cafés, Bars

Antica Taverna Al Rio Ristorante
Typische Weinbar, in die auch die Einheimischen gehen. Am Ende des Hafenbeckens.
Fondamenta Pescheria 4

Bafile Grancafé
Designercafé. Lässige Drinks, köstliche Trinkschokoladen.
Piazza Matteotti 1

Bee Wine
Stylish, gute Cocktails.
Rio Terrà Romiati

Birreria ai 3 Tini
Italienische, deutsche und österreichische Biere.
Rio Terrà 18

Enoteca Enos
Stimmungsvolle Vinothek mit großem Angebot.
Via della Serenissima 5

Food Mami Strand Bar
Neu umgebaut, karibischer Stil.
Lungomare Trieste
Spiaggia Ponente

Al Gatto Nero
Einheimischen-Treff, rustikale Bar, faire Preise.
Campo Cadorna 10

Drizze e Scotte
Junge, gemütliche Bar im Zentrum am
Ende des Hafenbeckens, auch Livemusik.
Piazza Giovanni XXIII 11

Café Europa
Klassiker in der Fußgängerzone.
Rio Terrà

Casa del Gelato
Bestes Eis in Caorle.
Rio Terrà delle Botteghe 35

Calligaro Strand Bar
Tolle Strandbar am Weststrand. Man kann dort in Ruhe seinen Espresso
oder einen kleinen Snack genießen und aufs Meer hinausschauen.
Lungomare Trieste
Spiaggia di Ponente

Don Pablo
Strandbar, im Keller öffnet am Abend eine Disco.
Lungomare Venezia 1

Sirò
American Bar, modern, jung, innovativer Stil.
Rio Terrà/Rio Romiati 22

Übernachten in Caorle

Die besten Hotels

Sie sind nah am Wasser gebaut und manchmal könnte man wirklich fast weinen, so schön ist der Ausblick auf den goldenen Strand und das schimmernde Adria-Blau. Unzählige Hotels und Pensionen gibt es in Caorle – und wie so oft sagt die Sternebewertung nicht immer die ganze Wahrheit. Sicher, 5-Sterne-Superior-Schuppen mit Porsche, Lamborghini und Ferrari vor der Tür gibt es nicht. Aber Caorle-Fans suchen auch keine riesigen Luxushäuser. Die 3- und 4-Sterne-Hotels bieten etwas anderes: Persönlichkeit. Der Großteil dieser Hotels verfügt außerdem über einen eigenen Pool und Meerblick.

Es gibt auch durchaus sympathische, kleine Hotels, die in puncto Essen, Sauberkeit und persönlicher Betreuung mit praktisch jedem Klassehotel mithalten können. Selbst im Winter sind einige Hotels offen, mit interessanten Paketen für Silvester und die Karnevalszeit.

Eine Auswahl mit unseren Tipps: Was die Hotels bieten, für wen sie ideal sind.

4 Sterne ★★★★

Hotel Savoy
Für Fans traumhafter Ausblicke. Das Hotel in erster Reihe hat freie Sicht in alle Richtungen, vor allem die Meereskulisse ist fantastisch. Eine Institution seit 1971, liegt am Weststrand (Spiaggia di Ponente) in der Nähe des Zentrums. Auch im Winter geöffnet.
Via Pascoli 1
Tel.: +39 0421/818 79
www.savoyhotel.it

Hotel Cleofe
Am Hafen gelegenes Hotel. Vom Dach aus hat man den besten Blick auf die Altstadt von Caorle, auch Whirlpool und Relaxbereich gibt es oben. Moderne, farbenfrohe Zimmer. Ganzjährig geöffnet.
Via Altinate 2
Tel.: +39 0421/810 82
www.hotelcleofe.it

Hotel Garden
Eines der ambitioniertesten Hotels in Caorle. Die Bettenanzahl wurde reduziert, dafür die verbleibenden Zimmer vergrößert und renoviert. Sehr geschmackvoll eingerichtet, jeder Zimmertyp ist individuell in bunten Farben designt. Gute Küche, Buffet zum Abendessen auch am Pool. Schöner, großer Pool, idyllisch in einem Park umgeben von Wäldern. Sauna und Türkisches Bad, sehr persönlicher Service. Der Prosecco hier ist süffig!
Piazza Belvedere 2, Lungomare Trieste (Spiaggia di Levante)
Tel.: +39 0421/21 00 36
www.hotelgarden.info

Airone

Das Hotel liegt in einem wunderschönen 14000 Quadratmeter großen Park mit gewachsenem Baumbestand. Geräumige Terrasse und Zimmer zum Meer, Juniorsuite mit Himmelbett, großer Pool für Erwachsene und Kinderbecken, Tennis, Bocciabahn, beleuchtete Minigolfbahn. Am Ende des Lungomare am Oststrand (Spiaggia di Levante).
Via Pola 1
Tel.: +39 0421/815 70
www.hotelairone.it

3 Sterne ★★★

International Beach Hotel

Sicherlich eines der führenden Hotels in Caorle. Romolo, der Chef, kümmert sich persönlich um die Anliegen der Gäste. Die Zimmer sind geräumig, der Eingangsbereich stilvoll und gemütlich gestaltet. Großer Pool, kostenloser Fahrradverleih, angenehme Lage im Zentrum. Ganzjährig geöffnet.
Viale Santa Margherita 57
Tel.: +39 0421/811 12
www.internationalbeachhotel.it

Hotel Delfino

Zimmer mit Meerblick, reichhaltiges Frühstücksbuffet. Ganzjährig geöffnet.
Lungomare Trieste 11
Tel.: +39 0421/21 01 82
www.delfinohotel.com

Hotel Parigi

Sehr chilliges Hotel mit tollem Meerblick und gutem Essen. Hervorzuheben sind das reichhaltige Vorspeisenbuffet und die Salatbar. Weißes Segeltuch spendet auf der stimmungsvollen Frühstücksterrasse Schatten. Am Weststrand.
Viale Vespucci 7
Tel.: +39 0421/814 30
www.hotelparigi.it

Villa Maria

Kleines, nettes, sauberes Hotel. Freundliches Personal, familiäre Atmosphäre, einfache, gute Küche, kürzlich renoviert. Entfernung zum Strand 50 Meter. In der Mitte des Oststrands (Spiaggia di Levante).
Via Piemonte 1
Tel.: +39 0421/21 03 33
www.villamariacaorle.it

Hotel Excelsior

Direkt am Meer gelegen, hat man vom Speisesaal aus einen wunderschönen Ausblick. Einladender Pool mit Bar. Weststrand.
Via A. Vespucci 11
Tel.: +39 0421/21 04 88
www.hotelexcelsiorcaorle.it

Hotel Antoniana

Sehr familiär geführtes Hotel in direkter Strandlage. Freundliches Personal, gutes Frühstücksbuffet. Zum Strand geht man einfach über die Straße, am besten ein renoviertes Zimmer buchen. Mitte Oststrand.
Lungomare Trieste 34
Tel.: +39 0421/811 08
www.hotelantoniana.com

Le Lampare

Charmant geführtes Familienhotel. Kein Designerhaus, aber nicht umsonst hat das Le Lampare fast nur Stammgäste. Denn der Blick aufs Meer ist fantastisch, der Strand nur ein paar Schritte entfernt, konkurrenzlos das Frühstücksbuffet mit frischem Obst, Gemüse, Schinken, Käse, selbst gemachten Kuchen und anderen Schmankerln aus der Küche. Nur Zimmer mit Strandblick buchen. Unmittelbar bei der Altstadt.
Via della Serenissima 8
Tel.: +39 0421/813 73
www.hotellelampare.it

Hotel Adria
Gleich neben dem Le Lampare, tolle Lage am Meer, schöne Terrasse.
Via della Serenissima 14
Tel.: +39 0421/810 41
www.internationalbeachhotel.it/AdriaHome.html

Stella Mare
Ein Haus der ersten Stunde mit dem Charme alter Tradition. Familiär und nett geführt. Vor allem der Blick auf den Oststrand bis hinüber zur Lagune ist sensationell, am besten ein Zimmer im obersten Stockwerk buchen, unbedingt mit Meerblick.
Via del Mare 8
Tel.: +39 0421/812 03
www.hotelstellamare.it

Hotel Sara
Freundlicher Familienbetrieb, direkt am Strand gelegen. Die Küche ist so gut, dass man nicht aus dem Hotel flüchten muss, auch die Weinauswahl aus der Region Lison Pramaggiore ist ansprechend. In der Nähe der Kirche Madonna dell'Angelo, Oststrand.
Piazza Veneto 5
Tel.: +39 0421/811 23, 833 57
www.sarahotel.it

Hotel Venezia
Schöne Zimmer und gutes Preis-Leistungs-Verhältnis, am Weststrand (Spiaggia di Ponente) gelegen. Für kalte Tage steht ein Solarium zur Verfügung.
Viale Santa Margherita 79
Tel.: +39 0421/818 39
www.hotelveneziacaorle.it

Agriturismo:
Urlaub auf dem Bauernhof

Gleich nach dem Aufwachen die schwere Entscheidung: Lieber in dem großen Bett noch ein bisschen kuscheln und Landluft schnuppern? Oder doch eine Tour in die hübschen Dörfer des Hinterlandes unternehmen? Klingt nicht nach einem klassischen Urlaub am Meer – ist es aber. Wer Lust auf Pause vom Strandtrubel hat, liegt mit einem der gediegenen Bauernhöfe rund um Caorle genau richtig. Und wenn man doch mitten im Geschehen sein will, kann man ohnehin einen Tag am Strand einlegen.

Agriturismo Ca' Lealtà

Stattliches Landgut mit rosa Mauern, große, geschmackvolle Zimmer, mitten in der Natur. Nur 10 km von Caorle entfernt.
Strada Durisi 20
30021 Marango di Caorle
Tel.: +39 338/18 06 213
www.agriturismocalealta.it

Casa della Sesta Presa

Sehr schöne Wohnungen auf einem renovierten Bauernhof, nur einen Kilometer von Caorle. Auf dem Hof wird Gemüse (Mais, Soja, Rüben, Getreide) angebaut, aus Umweltschutzgründen ist das Haus auch mit einer Fotovoltaikanlage ausgerüstet. Hunde und kleine Haustiere sind willkommen.
Strada Sesta Presa 195
30021 Caorle
Tel.: +39 333/984 11 29
www.agriturismo-sestapresa.com

Agriturismo Le Mene

Großes Gut in fröhlichem Gelb. Geschmackvoll eingerichtete, große Wohnungen, Swimmingpool. Ganzjährig geöffnet.
Strada Durisi 16
30021 Marango di Caorle (10 km von Caorle)
Tel.: +39 335/801 57 76
www.agriturismolemene.it

Camping in Caorle

Das „wilde" Übernachten mit dem Wohnwagen ist in Italien grundsätzlich nicht verboten, aber auch nicht gerne gesehen. In Caorle sollte man außerdem aufpassen, ob man nicht in einer Kurzparkzone, einer Fußgängerzone oder auf einem fix reservierten Parkplatz steht. Die Campingplätze in Caorle, Duna Verde und Porto Santa Margherita sind in der Regel gut ausgestattet und sauber. Natürlich ist eine Vorreservierung empfehlenswert, speziell im August, weil in diesem Monat ganz Italien Ferien macht – da kann es dann mit den Stellplätzen schon mal eng werden.

Am Oststrand liegen drei Campingplätze, der breite Strand dort ist frei von kostenpflichtigen Liegestühlen.

Oststrand

Sole Camping Village***
Kleiner Platz in der schattigen Pineta. Bar, Pizzeria, Kinderspielplatz.
Viale dei Cacciatori 4
Tel.: +39 0421/819 08 oder 810 89
www.villaggiosole.it

Laguna Village**
Im Osten, etwas außerhalb von Caorle, bietet das Camping Laguna Village eine Oase für Ruhesuchende. Für Familien stehen ein Pool und ein großes Angebot an Sporteinrichtungen zur Verfügung. Mit dem Bus gelangt man innerhalb weniger Minuten in die Stadt. Zwei Fußminuten vom Strand, dichte Pineta.
Via dei Cacciatori 5
Tel.: +39 0421/211751
www.campinglagunavillage.com

Falconera**
Einfacher Campingplatz mit Stellplätzen unter schattigen Pappeln, gute Sanitäranlagen. Im Osten, bei der Einfahrt zur Lagune.
Via dei Casoni
Tel.: +39 0421/842 82
www.campeggiofalconera.com

Weststrand

Camping Santa Margherita

Wunderschöner Campingplatz inmitten eines Pinienhains direkt am Meer gelegen. In der Strandbar Chiosco La Vela gibt es Donnerstag Livemusik und am Wochenende spielt ein DJ. Ideal für junge Menschen.
Via Duca degli Abruzzi
Tel.: +39 0421/81276, im Winter: 21 91 11
www.campingcaorle.it

Außerhalb von Caorle

Camping Marelago***

In Lido Altanea gelegener, ruhiger und kleiner Campingplatz mit 211 Plätzen. Es gibt eine Snack-Bar sowie einen kleinen Supermarkt. Die Mobilheime sind mit Sat-TV und Klimaanlage ausgestattet.
Viale dei Cigni 18
Caorle Lido Altanea
Tel.: +39 0421/29 90 25
www.marelago.it

Centro Vacanze San Francesco****

In dieser riesigen Ferienanlage stehen 9 Pools mit Rutschen zur Verfügung. Es gibt mehrere Lokale und Sportmöglichkeiten wie Tennis- und Basketballanlagen. Sehr gepflegte Nassräume.
Via Selva Rosata
Duna Verde
Tel.: +39 0421/29 92 84
www.villaggiosfrancesco.com

Pra' delle Torri****

3,5 km westlich vom Zentrum Caorles. Breite Auswahl an Wohnmöglichkeiten: Hotel, Apartmenthotel, Bungalows und Maxicaravans zum Mieten im Grünen. Große Poollandschaft mit mehreren Becken. Reitstall und Golfplatz in der Nähe. Neu sind die renovierten, schönen Doppelzimmer.
Viale Altanea 201
Caorle
Tel.: +39 0421/29 90 63
www.pradelletorri.it

Was ist los in Caorle

In Feierstimmung

Caorle feiert gerne und hält seine große Anzahl an abwechslungsreichen Traditionen aufrecht. Im Juni (jedes zweiten Jahres) kann man dem internationalen Wettbewerb „Scogliera Viva" (lebendiges Felsenriff) beiwohnen. Künstler aus der ganzen Welt meißeln Skulpturen und Motive in die Steine entlang der Promenade bis hin zur Kirche Madonna dell'Angelo. Ein Highlight ist mit Sicherheit der Umzug zu Ehren der Madonna dell'Angelo. Jeweils am zweiten Sonntag im September, und zwar in den Jahren, die mit 0 oder 5 enden, findet dieses Ereignis statt. Die Statue wird dann aus der Kirche getragen und durch die Gassen bis hin zum Hafen gebracht. Traditionsgemäß wird die Madonnenstatue an Bord eines Caorlina (ein historisches Ruderschiff) genommen und in Begleitung von Fischerbooten und Würdenträgern aufs Meer hinausgefahren, um dann wieder zur Wallfahrtskirche zurückzukehren.

Jährlich jeden dritten Sonntag im September findet die Veranstaltung „Caorle Vivistoria" statt. Ein historisches Schauspiel, das an den Sieg über dalmatinische Piraten im Jahr 1000 n.Chr. erinnern soll. Ein bunter Umzug durch die Straßen, die Statisten sind nach der venezianischen Mode jener Zeit gekleidet. Im selben Monat gehen auch die Ruderregatta und das Fischfest über die Bühne. Traditionelle Feste, die auch bei den Touristen von jenseits der Alpen äußerst beliebt sind.

In Caorle wird überhaupt gerne gefeiert. Zu Beginn der Hauptferienzeit *(ferragosto)*, am 15. August, findet in Caorle das traditionelle Feuerwerk statt. Auch zu Silvester kehren immer mehr Caorle-Fans in „ihre" Stadt zurück. Einige Lokale haben für ein Silvesterdinner geöffnet oder bieten überhaupt ein spezielles Silvesterprogramm. In der Stadt sorgen Live-Bands und DJs für ausgelassene Stimmung. Um 6 Uhr morgens werden die Feierlichkeiten mit einem Feuerwerk am Strand beendet – viel romantischer geht es kaum.

Das ganze Jahr ist in Caorle etwas los: die Konzertsaison im Dom und das Jazzfestival, Kabarett, Sport in den geräumigen Hallen des Stadions und des Pala Mare, Segelregatten, Ruderboot-Rennen und Golfturniere in Prà delle Torri. Den genauen Veranstaltungskalender inklusive aller Termine erfragt man am besten im Tourismusbüro der Stadt oder in einem der vielen Hotels.

Veranstaltungskalender:

Jänner:	• Pan e Vin
April:	• Karfreitagsprozession, Jazzfestival
Mai:	• 1. und 2. Mai – Sansonessa-Fest • Blumenfest • Fest der „Madonna dei Pompei"
Juni:	• Int. Skulpturenwettbewerb (alle 2 Jahre) • Ruderregatta • Segelregatten „500x2" und „200x2"
Juli:	• Kinderfest im Luna Park • Feuerwerk • Fest der Madonna dell'Angelo
August:	• 15. August – Ferragosto-Feuerwerk • Fischfest in Duna Verde • Fest des hl. Gaetano
September:	• Festival des Straßentheaters „Teatro di Strada" • Fischerfest • „Caorle Vivistoria", historisches Kostümfest • „Fraima", Ruderbootwettbewerb • Traubenfest
Oktober:	• „Un Mare di Sapori", Feinschmeckerveranstaltung (3. Sonntag im Oktober)
Dezember:	• Adventmarkt • Eislaufplatz in der Stadt • Weihnachtskonzerte im Dom • 24. Dezember Taucherprozession • 31. Dezember Silvester in der Fußgängerzone

Shoppen in Caorle

Einkaufen macht Spaß – im Urlaub erst recht! Selbstverständlich findet man in Caorle alle Geschäfte mit Waren, die man für den täglichen Bedarf braucht. Ein Shop reiht sich hier an den nächsten, viele davon sind auf die Touristen und das Sommergeschäft zugeschnitten. Bademode, Strandspielzeug und Souvenirshops gibt es so viele wie in Lignano, Jesolo oder Bibione. Wenn man genauer hinsieht, findet man aber gerade in den Seitengassen die für Caorle typischen kleinen, liebevoll gestalteten Geschäfte. In der Calle Lunga im Centro Storico arbeitet zum Beispiel ein Künstler, der Bilder direkt aus seinem Atelier verkauft. Auch Geschäfte mit den beliebten venezianischen Masken, Muranoglas und anderem Kunsthandwerk findet man in dieser Gasse. Ansprechende Bilder gibt es auch am Campo Cadorna in dem kleinen Laden Studio d'Arte. Und während der Sommermonate verkauft ein Maler seine Werke zum Thema Caorle und Meer – auf Papier oder Leinwand – unmittelbar vor dem Kirchturm zu fairen Preisen.

Wer italienische Keramik liebt, findet am Piazza Pio X ein passendes Geschäft. Geschichtsbücher, Kochbücher, Kunstdrucke und Bildbände über die Stadt bekommt man unter anderem in deutscher Sprache im Saluti di Caorle in der Calle Liburniche, ein netter Laden mit freundlichen Inhabern.

Wer den Daheimgebliebenen kulinarische Urlaubsgrüße mitbringen möchte, sollte auf jeden Fall das 500 Vini an der Piazza San Pio X aufsu-

chen. Gute Weine aus der Region bietet auch das Vigne da Mar in der Via Strada Nova. Der Spezialist für Olivenöl ist das VinOlio in der Via Roma, gegenüber dem alten, erst kürzlich renovierten *Municipio*, dem Rathaus von Caorle.

Fans sportlicher italienischer Mode werden im 3F in der Viale Santa Margherita fündig und ganz sicher auch im Risskio, einer norditalienischen Marke. In der Fußgängerzone in der Rio Terrà gibt es gleich zwei Shops davon: einen regulären und ein Outlet. Fans etwas ausgeflippterer Mode stöbern im Lato B, Accessoires, Gürtel und Schmuck hat das Lollipops. Geschäfte mit exklusiveren Marken gibt es im modeverliebten Italien natürlich in Hülle und Fülle, etwa das Degani, die Boutique Albatros, Gerardi oder Regina – alle im Zentrum.

Und, was wäre ein echter Italienurlaub ohne sich eine neue Ledertasche zuzulegen? Der Mixer-Shop mit seiner umwerfenden Auswahl an Furla-Taschen in der Rio Terrà lässt das Modeherz höher schlagen. Nicht zu vergessen die Fußbekleidung: Schuh-Fetischisten pilgern zu Tognoni Le Scarpe, dort bekommt man handgemachte Ware mit Chic. Im Papillon in der Viale Santa Margherita gibt's trendige Damenschuhe.

Mode

Albatros Boutique
Exklusive Boutique für Damen und Herren, mit Marken wie Armani, Fred Perry etc.
Via Rio Terrà 2
www.albatrosboutique.it

Blu Est sailing wear
Der Name ist Programm: Herrenmode im Marinestil.
Via Rio Terrà 38
www.bluest.it

Boomerang
Nette Boutique für Damenmode. Flotte Modelle zu guten Preisen.
Rio Terrà delle Botteghe 4

Lollipops
Die Pariser Marke hat fast alles, was das Herz begehrt: Schuhe, Handtaschen, Gürtel, Schmuck, Schirme und viele andere Accessoires.
Piazza Municipio

3F Corner
Sportliche italienische Mode. Jeans um
60 Euro.
Viale Santa Margherita 29

Degani
Großes Geschäft, exklusivere italienische Marken für Damen und Herren, Preise recht okay, auch Schnäppchen möglich. Hier sollte man sich
genug Zeit zum Stöbern nehmen, man wird immer fündig.
Rio Terrà Romiati 7

10xDieci
Ein Paradies für T-Shirt-Fans mit unkonventionellen Sprüchen.
Rio Terrà 10

Gerardi
Stilvoller Shop, gehobene Mode mit dem
gewissen Etwas.
Piazza San Antonio 2

Lato B
Lässiger Concept Store, jung, frech. Auch Rapper werden etwas finden.
Calle Liburniche 2
www.latob.org

Melissa
Junge, trendige Mode.
Viale Santa Margherita 4

Niko
Unterwäsche, Badeanzüge, Kleider. Exklusiv, chic, preislich etwas höher.
Viale Santa Margherita 58

Regina Mode

Moderner Shop mit eleganter Mode. Auch sexy Bikinis und Badeanzüge – bestickt, im provenzalischen Stil oder mit Afrika-Chic.
Viale Santa Margherita 2

Rio 37

Mode für die anspruchsvolle Frau, nicht unbedingt etwas für Teenager.
Rio Terrà 37

Risskio

Italienische Marke mit jugendlicher Mode, aber nicht ausgeflippt. Tolle Preise.
Rio Terrà delle Botteghe 23

Schuhe

Schuhgeschäfte gibt es in Caorle in rauen Mengen, allerdings ist auch viel Massenware dabei. Wir haben für Sie individuellere Adressen ausgesucht.

Calzature Limac

Kleiner Schuhshop der persönlichen Art. Besonders im Abverkauf ergattert man coole Modelle zu fairen Preisen.
Via Francesconi 7 (Fußgängerzone, neben der Taverna Caorlina beim Hafenbecken)

Papillon

Heller Designershop. Trendige Damenschuhe, hochwertige Sneakers.
Viale Santa Margherita 4

Calzature Sandrin

Modische Schuhe abseits der Massenware, Alternativmarken wie Frau, Café Noir oder Stonefly.
Viale Santa Margherita 33

Tognoni Le Scarpe

Exklusive Schuhe aus der Toskana, von Hand gemacht und gefärbt.
Viale Marconi 52

Taschen, Lederwaren

Mixer
Exklusive Markentaschen (Furla etc.), mittelpreisig, lässige Modelle.
Via Rio Terrà 22

Pelletteria Ernesto
Sehr schöne Lederjacken und -taschen, etwas abseits des Zentrums.
Nicht günstig, aber hochklassig und mit Chic (beim Hafenbecken gleich
links Richtung Oststrand).
Viale Pompei 15

Pelletteria Jolly
Große Auswahl an Brieftaschen
Viale Santa Margherita 45/A

Don Pablo
Taschen für Damen, Reise, Business. Sehr gute Qualität, kreative Designs
(in der Altstadt).
Calle Ospedale 5

Kunst

Calle Lunga
In der kleinen Einkaufsstraße in der Altstadt gibt es Läden mit Bildern, venezianischen Masken und Muranoglas.

Studio d'Arte
Schöne Bilder.
Campo Cadorna

Saluti da Caorle
Geschichts- und Kochbücher, Kunstdrucke, Bildbände über die Stadt.
Calle Liburniche

Delikatessen

VinOlio
Wein, Öl, Käse, Marmeladen, Pasta, Wurst, Käse, eingelegtes Gemüse.
Via Roma 17
www.vinolio.org

Vigne da Mar
Weine aus der Region.
Via Strada Nova

500 Vini
Feine Auswahl an regionalen Weinen, aber auch aus dem restlichen Italien. Sogar Ikonen wie Angelo Gaja sind hier zu finden.
Piazza San Pio X
www.500vini.com

Gusso Il Fornaio
Gute Bäckerei.
Calle Lunga 2

Pasticceria Da Sergio
Traditionelle Bäckerei, auch gute Kuchen und Torten. Alles handgemacht.
Via del Branzin 15

Panificio Pasticceria Cella
Geheimtipp. Sensationelle große Bäckerei, die Einheimischen stehen hier Schlange. Herrlich sind Brot, Torten, Panettone, alles handgemacht. Günstig! 20 km außerhalb. Unbedingt auf dem Heimweg einen Abstecher machen!
Via Roma 68
30020 Torre di Mosto

Fischmarkt
Der neue Markt ist in Bau, derzeit noch in der alten Halle (Stand Frühjahr 2012).
Via Fondamenta della Pescheria 24

Märkte
- Montag: Concordia Sagittaria – San Donà di Piave
- Dienstag: Porto Santa Margherita (abends), Eraclea Paese – Motta di Livenza
- Mittwoch: Duna Verde – Eraclea Mare – Oderzo – Latisana
- Donnerstag: Portogruaro – Cortellazzo
- Freitag: Jesolo Paese – Annone Veneto
- Samstag: Caorle
- Sonntag: Torre di Fine

Aktiv in Caorle

Unterwegs mit Kindern

Wer mit Kindern unterwegs ist, sollte tagsüber den Wasserpark „Acqua-
follie" in der Viale A. Moro besuchen. Hier werden mehrere Pools, Rutschen und Abenteuer für Kinder geboten. Am Abend ist der Park „Gomma
Magica" in der Viale Santa Margherita/Via Gozzi für Kinder eine Attrak-
tion. Die Kleinen können sich in den Hüpfburgen so richtig austoben. Faszinierend für Kinder und Jugendliche ist der „Luna Park" an der Strada
Traghete/Viale A. Moro. Folgen Sie einfach der Beschilderung. Auf
diesem Rummelplatz finden Kinder alles, was ihr Herz begehrt – vom Ka-
russell bis zum Schießstand. Mittwochs und sonntags gibt es gegen Vor-
lage eines Gutscheins, den man im Hotel oder beim Vermieter bekommt,
50 % Rabatt.
Immer wieder ein Funkeln in Kinderaugen zaubert der „Orient Express",
ein lustiger Zug, der seine Runden durch die Stadt zieht. Auch für Erwachsene nett.

Speziell für Kinder

Wasserpark Acquafollie
Wasserpark mit Pools und Rutschen.
Täglich 10–18 Uhr
Via Aldo Moro 1
www.aquafollie.it

Luna Park
Großer Rummelplatz, Mi., So. 50 % Rabatt mit Gutschein vom Hotel oder
Vermieter.
Täglich 20–24 Uhr, Anfang Mai bis September.
Via Traghete/Viale A. Moro (am Ortseingang von Caorle)

Gomma Magica
Hüpfburgenparadies.
Viale A. Moro
www.gommamagica.it

Orient Express
Bummelzug durch die Stadt. Abfahrt Piazza Papa Giovanni XXIII, täglich
10–12 und 18–24 Uhr.

Urlaub mit Vierbeinern

Hundebesitzern wird es in Caorle – wie an der gesamten Adria – nicht immer leicht gemacht. Seit 1991 gilt hier von Juni bis September ein Hundeverbot am Strand. Bei Missachtung ist auf jeden Fall mit einer Abmahnung oder gar einer Strafe zu rechnen. Nur am Freistrand sind Hunde an der Leine erlaubt, jedoch ist ein Maulkorb *(museruola)* dringend zu empfehlen. Falls der Urlaub in die „Zeckenzeit" fällt, sollte man als Hundehalter das Scaliborhalsband nicht vergessen, da viele unserer Zeckenschutzmittel südlich der Alpen nicht immer wirken. Ein echtes Paradies für Vierbeiner stellt hingegen die Halbinsel Brussa dar. Dieser eindrucksvolle Strand liegt zwischen Bibione und Caorle und ist einer der letzten relativ unberührten Naturstrände Venetiens. Der Besucher verzichtet zwar auf jeglichen Komfort wie z. B. sanitäre Einrichtungen oder Gastronomie, dafür erwarten Hund und Herrchen vier Kilometer Sandstrand zum Spazierengehen und Schwimmen ohne Vorschriften und Einschränkungen. Leider sind Hunde auch auf Campingplätzen und in Hotels in den seltensten Fällen erwünscht. In manchen Hotels, wie im Columbus, im Metropol oder auf dem Urlaubsbauernhof Casa della Sesta Presa, sind kleine Hunde erlaubt. Es ist allerdings ratsam, vorher nachzufragen.

Sport in Caorle

Am Oststrand kann man sich auf einer Bocciabahn versuchen, und am Weststrand gibt es die Möglichkeit auf einer eigens dafür vorgesehen Fläche zu skaten oder Hockey zu spielen.

Im gesamten Küstenbereich wurden Beachvolleyballplätze errichtet und der Tauchclub von Caorle bietet Tauchkurse und Tauchgänge im Meer an. Segel- und Surfkurse kann man in Porto Santa Margherita belegen. Nur wenige Kilometer von Caorle entfernt, in Marango und San Gaetano, gibt es für Reitsportfans zwei ansprechende Anlagen.

Natürlich eignen sich das Meer und die Lagune perfekt zum Fischen. Doch es versteht sich von selbst, dass nicht einfach drauflos geangelt werden darf. Den Fischerei-Erlaubnisschein, den *permesso di pesca*, bekommt man aber ganz leicht und relativ günstig beim Hafenkonsortium.

Golfer schätzen den traumhaften 18-Loch-Golfplatz Prà delle Torri in Duna Verde. Wo sonst kann man direkt am Meer spielen? Ein entspannender und doch technischer Parcour, besonders gut für Anfänger, aber bei Wind und gut ausgerichteten Fahnen wird er selbst für Experten schwierig. Besonders schön ist es hier im Winter, wenn das Meer die strengen Temperaturen mildert. Fast die ganze kalte Saison über kann man seinem Hobby frönen. Im Sommer kühlt die ständige Meeresbrise, so dass man trotz hoher Temperaturen unter angenehmen Umständen spielen kann. Diese Anlage bietet ebenso diverse Wassersportmöglichkeiten, Fußball- und Volleyballplätze.

Golf

Golf Club Prà delle Torri
Viale Altanea 201, 30021 Duna Verde
Tel.: +39 0421/299570
www.golfpradelletorri.it

Segeln und Surfen

Vela Caorle
Viale St. Margherita 107, 30021 Caorle
www.velacaorle.com

Circolo Nautico Santa Margherita
Via Pigafetta 18, 30020 Porto Santa Margherita
www.cnsm.org

Darsena Marina 4
Corso Pisa, Porto Santa Margherita
www.marina4.com

Tennis und Minigolf

Tennisclub Orologio
Viale Santa Margherita, Caorle

Sport Adria
Lungomare Trieste, Caorle

Palazzetto Nuova, Caorle
Corso Chiggiato, Caorle

P. S. Margherita
Via dei Greci, Porto Santa Margherita

Leichtahtletik

Stadion Chiggiato
Piazzale Olympia, Caorle

Hallenbad

Piscina Comunale di Caorle
Via Bragadin, Porto Santa Margherita

Skaten

Skaterbahnen
Via del Leone, Caorle
Via dei Greci, Porto Santa Margherita

Reiten

I Cavallini della Rosa
Via Trieste, 30021 San Gaetano

Tagesausflüge für Golffans

Lust auf Tagesausflüge zu anderen spannenden Golfplätzen? Kein Problem. Die Umgebung von Caorle hat viel Abwechslung im Angebot. Vor allem im Winter sind die Plätze attraktiv. Bis Dezember haben sie meistens geöffnet, wenn in Österreich, Deutschland und der Schweiz längst die Saison vorbei ist. Hier einige ausgewählte Adressen für den Grün-Genuss:

Grado
Eine Topadresse ist der GC Grado mit seinem in die Gradeser Lagune integrierten Kurs. Wasser kommt natürlich an allen 18 Löchern ins Spiel, sogar Single-Handicapper sollten deshalb hier ein paar Bälle mehr einpacken. Wegen der wunderbaren Lage und des abwechslungsreichen Kurses zwischen Seen und Tümpeln lohnen sich dennoch einige Runden, der GC Grado ist einer der ungewöhnlichsten Plätze Italiens. Das gute Essen im Restaurant Al Casone direkt am Gelände rundet das Angebot ab.

Lignano und Jesolo
Der Golf Club Lignano hat internationales Flair, die Ähnlichkeit mit einem der betriebsamen Golfklubs in Florida ist verblüffend. Viele Pinien, große Bunkerlandschaften, Teiche und großzügige Grüns auf insgesamt 60 Hektar machen den Reiz aus. Nicht weit entfernt liegt der Golfplatz Jesolo. Der 18-Loch-Kurs wurde auf sandigem Untergrund angelegt. Selbst nach längeren Regenfällen saugt der Boden die Feuchtigkeit auf, so kann praktisch bei jedem Wetter und zu jeder Jahreszeit problemlos gespielt werden. Schöne Terrasse mit Klubhaus.

Gorizia
Ganz jung ist der Golf Club Gorizia Castello di Spessa. Erst 2006 eröffnet, aber mit adeligem Flair. Graf Filippo Formentini präsidiert über 18 Bahnen rund um das herrliche Schloss und inmitten der Weinberge des Collio. Im eindrucksvollen Castello di Spessa, wo sich schon Giacomo Casanova vergnügte, ist ein Klubhaus mit Bar und Restaurant untergebracht.

Venedig
Auch rund um Venedig kann man den Golfschläger schwingen. Zum Beispiel auf dem ehrwürdigen Platz des Circolo Golf Venezia. Henry Ford war es, der den Bau in den 1920er-Jahren angeregt haben soll, als er bei einem Besuch feststellen musste, dass Venedig ein weißer Fleck auf der

Golfplatzlandkarte war. 1930 wurde der Kurs dann auf den Sanddünen des Lido von Venedig angelegt und über die Jahre hinweg häufig neu gestaltet. Heute präsentiert sich der Circolo Golf Venezia als herausfordernder 18-Loch-Kurs mit stimmungsvollen Fairways und einem beeindruckenden alten Baumbestand. Bei den Löchern 13 und 14 gibt es freien Blick aufs Meer, von hier lassen sich die riesigen, vorbeiziehenden Frachtschiffe beobachten. Besonders imposant ist die alte venezianische Festung mitten im Kurs. Zufahrt zum Golfplatz ausschließlich mit Boot und Bus, mit dem eigenen Auto muss man die Fähre nehmen.

Im Golfklub Ca'della Nave, den Arnold Palmer vor Mestre entworfen hat, ist der amerikanische Einfluss nicht zu übersehen. Einige Wasserhindernisse, Hügel, Erhebungen und Wellen auch entlang der Fairways stellen den Golfer auf eine harte Probe. Ein historisches Gebäude wurde zum Clubhaus mit gutem Restaurant umgestaltet. Ein paar Kilometer entfernt liegt der Golf Club Villa Condulmer. Ein wunderschöner Parklandkurs im Park einer herrlichen Villa aus dem 18. Jh., ein exklusives Hotel ist angeschlossen.

Padua

Nicht weit von Venedig liegt der GC Padua in Valsanzibio, die zweitälteste Golfanlage im Veneto. Ein paradiesischer Parklandkurs mit über 8 000 Bäumen und Sträuchern, Abschläge ins Gebüsch sind also nicht ratsam. Eine Klasse für sich ist das herrschaftliche Klubhaus, natürlich mit allem Luxus. Schwimmbad, Tennisplatz und das ausgezeichnete Restaurant versüßen den Golf-Tag. 20 Kilometer entfernt ist der Golfclub Frassanelle. Ein klassischer 18-Loch-Kurs in einem 200 Hektar großen Park, der Anfang des 19. Jahrhunderts angelegt wurde. Das Kriterium bei diesem Kurs: nicht die vielen Bäume, auch nicht die Bunker – viele Golfbälle gehen gerne in Schönheit in den vielen Teichen und Tümpeln unter. Auch das Klubhaus setzt auf Klassik. Das Landhaus aus dem 17. Jh. wurde behutsam renoviert und erweitert. Nur einen Katzensprung entfernt der GC Montecchia. Nach einer Runde auf dem gepflegten 27-Loch-Kurs wartet ein riesiger Swimmingpool, Insider loben auch das Clubrestaurant La Montecchia. Um die Ecke ist das Weingut La Montecchia, das zu den Spitzenweingütern der Colli Euganei zählt.

Golfclub Grado • 18 Loch
Via Monfalcone 14, 34073 Grado
Tel.: +39 0431/89 68 96
www.tenuta-primero.com

Golfclub Lignano • 18 Loch
Via della Bonifica 3, 33054 Lignano Sabbiadoro
Tel.: +39 0431/42 77 01
www.golflignano.it

Golfclub Jesolo • 18 Loch
Via Roma Destra incrocio Via Monti
30017 Lido di Jesolo
Tel.: +39 0421/37 28 62, +39 0421/37 74 98
www.golfclubjesolo.it

Golf & Countryclub Gorizia Castello di Spessa • 18 Loch
Via Spessa 14, 34070 Capriva
Tel.: +39 0481/88 10 09
www.golfcastellodispessa.it

Circolo Golf Venezia • 18 Loch
Via Strada Vecchia 1
Alberoni, Lido di Venezia, 30100 Venedig
Tel.: +39 041/73 13 33
www.circologolfvenezia.it

Golfclub Ca' Della Nave • 18 Loch
Piazza della Vittoria 14
30030 Martellago, ca. 20 km nordwestlich von Venedig
Tel.: +39 041/540 15 55
www.cadellanave.com

Golf Club Villa Condulmer • 27 Loch
Via della Croce 3
31021 Zerman di Mogliano, 17 km nördlich von Venedig
Tel.: +39 041/45 70 62
www.golfvillacondulmer.com

Golfclub Frassanelle • 18 Loch
Via Rialto 5/A
35030 Rovolon, 20 km westlich von Padua
Tel.: +39 049/991 07 22
www.golffrassanelle.it

Golfclub Montecchia • 27 Loch
Via Montecchia 12
35030 Selvazzano Dentro, 15 km westlich von Padua
Tel.: +39 049/805 55 50
www.golfmontecchia.at

Golfclub Padova • 27 Loch
Via Noiera 57, 35030 Galzignano
Tel.: +39 049/91 30 078
www.golfpadova.it

Die schönsten Radtouren

Von Caorle bis zur Lagune (ca. 1 Stunde)

Die Rundfahrt beginnt beim Stadion in der **Via A. Moro**, wo sich jeden Samstag Touristen und Einheimische am Markt tummeln. Durch den Kreisverkehr geht's in die **Via Pretoriana**, immer dem Pfeil Richtung Zentrum folgend bis zur **Piazza Veneto**. Hier biegt man rechts in die **Viale Pompei** ein und erreicht den Hafenkai, wo man in der **Viale Fondamenta Pescheria** am Restaurant Al Porto vorbeikommt. Weiter geht es nach rechts in die **Via dei Bragozzi**. Beim Kreisverkehr biegt man in die **Viale dei Tropici** ein, wo sich auf der linken Seite die Schule und die Erste-Hilfe-Station befinden. Auf der rechten Seite liegt die **Darsena dell'Orologio**, ein kleiner Yachthafen für Betuchte.

Aktiv in Caorle

Man fährt auf dieser Straße weiter und biegt bei der ersten Kurve halb links, dann rechts ab. Dort beginnt auch der ca. 1,5 km lange Radweg. Man folgt dem Weg bis zum Fluss **Livenza** und dann weiter bis zur Flussmündung, um direkt zur Skaterbahn zu gelangen. Der Radweg endet an dem Platz nahe der Fähre (**Traghetto**), die zwischen Caorle und Porto Santa Margherita verkehrt. Von hier aus fährt man in Richtung Stadtzentrum entlang der **Via Livenza** über den Tagliamento in die **Viale Santa Margherita**. Nach 2 Kilometern kommt man in die Fußgängerzone in der **Via Roma**. Vorbei am berühmten Turm neben dem Dom bewegt man sich weiter in Richtung Osten, wo sich die Kirche Madonna dell'Angelo befindet.

Von der **Piazza Veneto** biegt man in den **Lungomare Trieste** ein. Mittlerweile befindet man sich am Oststrand, der **Spiaggia di Levante**, im Stadtteil Falconera. Am Ende der Küste biegt man links ab und folgt nach etwa 100 Metern auf der rechten Seite der **Viale dei Cacciatori**, einer langen geraden Straße im Bereich der Campingplätze. Weiter geht es zuerst rechts, dann links, bis man beim **Kanal Nicesolo** in der **Via dei Casoni** mit den ehemaligen Fischerhütten ankommt.

Auf der asphaltierten Straße fährt man so lange, bis man auf der rechten Seite wieder auf den Radweg stößt. Auf dem schmalen Pfad am Rand der Lagune lässt sich deren überwältigende Naturlandschaft circa einen Kilometer lang genießen. Am Ende des Radweges erreicht man den **Kanal**

Saetta und nach 500 Metern sieht man die Mündung des Flusses **Livenza**. Dem Radweg folgt man weiter, bis man wieder beim Stadion ankommt.

Von Cavallino nach Caorle (35 km)

Die Radtour beginnt bei der Schleuse in Cavallino (bei Jesolo) und geht weiter in die **Via Cristo Re** entlang des Flusses Sile mit Blick auf die faszinierende Sumpflandschaft. Man erreicht die Kirche San Giovanni Battista im alten Stadtzentrum von Jesolo. Eindrucksvoll ist das archäologische Gebiet Antiche Mura in der gleichnamigen Straße mit den Ruinen des antiken Doms Santa Maria. Von der **Piazza 1° Maggio** aus erreicht man die **Via Battisti**. Dort biegt man an der ersten Ampel in die **Via Roma Sinistra** ein; auf dieser Straße radelt man 3 km bis zur **Via Posteselle** und taucht in das stille, offene Land ein. Weiter fährt man bis in die **Via Colombo**, um dann schließlich entlang des **Cavetta-Kanals Cortellazzo** zu erreichen, ein kleines Fischerdorf mit malerischem Ambiente.

Vom Hafen nimmt man die **Via Massaua**, überquert die Pontonbrücke und fährt weiter Richtung **Eraclea Mare**. Man lässt die warmen Farben des venetischen Lands hinter sich und biegt in die **Via dei Pioppi** ein, entlang der Pinienallee rund um die **Laguna del Mort**. Man radelt auf der **Via Lungomarina** und auf der **Via della Pineta** weiter bis zum Herzen von Eraclea Mare mit seinen 3 500 Pinien.

Wenn man aus dem kühlen Schatten der Pinien kommt, biegt man in die **Via degli Abeti** ein. Man fährt weiter auf einer kleinen Straße über einen kleinen Bauernhof am rechten Ufer des **Revedoli-Kanals** bis nach **Torre di Fine**. Nachdem man die Brücke überquert hat, kommt man von der **Via Vallesina** in die **Via Gagiana**, wo sich dem Betrachter eine faszinierende Landschaft eröffnet: weite Felder mit Mais, Reis, Obst und Weinstöcken. Radelt man weiter entlang des **Largon-Kanals** erreicht man den kleinen Ort **Brian** mit der geschichtlich bedeutenden Schleuse. Man fährt rechts, überquert eine kleine Brücke und radelt auf einer asphaltierten Nebenstraße bis zur Staatsstraße Richtung **Caorle**.

Info: Broschüren mit diesen und weiteren Touren (inklusive Wegbeschreibungen und Karten) gibt es im Tourismusbüro an der Piazza Matteotti im neuen Kulturzentrum.

Im Internet findet man sechs genau (in deutscher Sprache) beschriebene Radrouten unter: turismo.caorle.eu, dann auf „Weg" klicken.

Ausflugsziele in der Umgebung

Caorle ist idealer Ausgangspunkt für abwechslungsreiche Tagesausflüge. Die Lagunen mit ihrer faszinierenden Pflanzen- und Tierwelt sind nur ein paar Kilometer entfernt – mehr darüber im Kapitel über die Lagune. Und außerdem: kilometerlange Strände, das pulsierende Triest, hübsche mittelalterliche Dörfer, urige Osterien, edle Schlemmertempel bis hin zu einer Tour zu den feudalen Villen am Brentakanal.

Kurzausflüge
(mit Entfernung von Caorle)

Ca' Corniani (5 km)

Im 19. Jh. hatte das Dorf große Bedeutung und 1 000 Einwohner. Die Generali-Versicherung aus Triest legte die Sümpfe 1851 trocken, um ein landwirtschaftliches Musterprojekt auf die Beine zu stellen. Zwei große Höfe erinnern daran, die auch heute noch als schönes Beispiel venetischer Landarchitektur gelten. Genauso imposant ist der Weinkeller.

San Gaetano (9 km)

Biegt man wenige Kilometer im Norden von Caorle rechts von der Hauptstraße (SP 59) ab, kommt man nach San Gaetano, ein malerisches Dorf mit einer Drehbrücke über den Fluss Lemene und dem Palazzo der Familie Franchetti im Zentrum. Heute steht das Gebäude leer, Mitte des letzten Jahrhunderts war es ein Ort rauschender Feste nach den berühmten Jagdveranstaltungen, die Baron Raimondo Franchetti veranstaltete. Viele venezianische Adelsfamilien und bekannte amerikanische Persönlichkeiten wie Ernest Hemingway oder Peter Fonda waren zu Gast.

San Stino di Livenza (25 km)

Diese Kleinstadt mit ca. 13 000 Einwohnern ist vom Fluss Livenza und vom Wein geprägt. Mehr als 1 000 Jahre wird hier schon Wein angebaut. In der Zeit der „Serenissima Repubblica" wurden viele schöne Villen erbaut, die heute noch zu bewundern sind.

Concordia Sagittaria (26 km)

In der Antike (42 v. Chr.) von den Römern geründet, ist Concordia Sagittaria ein sehr geschichtsträchtiger Ort. Bis zu den Völkerwanderungen lebte der Ort in Wohlstand und war militärische Festung, ab dem 4. Jh. war er auch Bischofssitz. Schön zu besichtigen sind in der Stadt, in der früher bis zu 10 000 Einwohner lebten, das Baptisterium aus dem 11. Jh., die Kathedrale und der Bischofspalast.

Portogruaro (30 km)

Die von einer Ringstraße umschlossene Altstadt ist im Stil der venezianischen Gotik fast zur Gänze erhalten. Der Dom mit beachtlich schiefem Glockenturm und das außergewöhnliche Rathaus mit Schwalbenschwanz-Zinnen und Außentreppe auf der Piazza della Repubblica im Stadtzentrum zählen zu den Sehenswürdigkeiten dieses reizenden Städtchens. Den malerischsten Blick hat man gleich hinter dem Dom auf der Brücke über den mehrarmigen Lemene. Im Wasser sieht man lange grüne Wasserpflanzen förmlich schweben, die alten Mühlen unter Trauerweiden und die hübsche Loggia machen das Postkartenbild perfekt. Ein buntes Treiben garantiert donnerstags der Wochenmarkt. Wenn man Zeit hat, setzt man sich einfach in das Café gleich neben dem Glockenturm und genießt den Anblick des bunten Lebens hier.

E S S E N

Venezia
Sehr gute Fischtrattoria, sehr persönliche Atmosphäre. Am Rand von Portogruaro.
Viale Venezia 10
Tel.: +39 0421/27 59 40

San Donà di Piave (30 km)

Das nette Städtchen ist nur eine halbe Autostunde von Caorle entfernt, liegt direkt am Piave und hat 40 000 Einwohner. Hier gibt es alles, was eine Kleinstadt braucht – vom Baumarkt bis zum Krankenhaus. Ganz in der Nähe, in Noventa di Piave, gibt es das „Mc Arthur Glen Veneto Designer Outlet", in dem man Designerstücke von Prada, Escada, Hilfiger, Valentino oder Calvin Klein zu Bestpreisen kaufen kann. Montag ist Markttag.

Jesolo (30 km)

Schöner Shopping- und Partyausflug. Fünfzehn Kilometer goldgelber Sandstrand, ein grüner Pinienwald, ausgezeichnete Lokale, Geschäfte, Bars und Clubs in der scheinbar endlosen Fußgängerzone (13 km lang), der längsten Einkaufsmeile Europas. Die Shops haben – im Sommer auch sonntags – bis spät in die Nacht offen. Etwa 4,5 Millionen Urlauber jährlich schätzen die zahlreichen Vorteile Jesolos. Zwischen der Piazza Nember und der Piazza Europa befindet sich das eigentliche Zentrum der Stadt. Jesolo verfügt über ein Veranstaltungszentrum, in dem Größen wie Deep Purple oder Zucchero Konzerte geben. Sehenswert ist der 48 Meter hohe Leuchtturm. Auch im Winter kann man Jesolo besuchen, knapp 25 000 Einwohner hauchen der Stadt außerhalb der Saison „echt" italienisches Leben ein, eine Menge Geschäfte und Restaurants haben geöffnet, ebenso der Golfplatz. Wochenmarkt ist am Freitag.

ESSEN

Don Claudio
Juniorchef Romano Amos hat eine gelungene Kombination aus Küche und Kunst geschaffen. Geschmackvoll eingerichtetes Restaurant mit marokkanischen Möbeln und in warmen Rottönen gehalten. In die Küche wandern hauptsächlich regionale Bioprodukte, die Fischküche ist die wohl kreativste in Jesolo. Besonders in Erinnerung bleibt einem die Pasta mit einer Sauce aus Pistazien. Die Weine wechseln monatlich, hier wird bewusst versucht, aufstrebende Jungwinzer zu fördern.
Die günstigere Alternative ist gleich nebenan im selben Gebäude untergebracht und heißt Don Claudios „Chicheteria".
Via Ugo Foscolo 61
Tel.: +39 0421/37 52 19
Jesolo Lido
ristorantedonclaudio.it

Da Guido
Edelrestaurant, an warmen Abenden diniert man im weitläufigen lauschigen Garten. Die Küche konzentriert sich auf besten Fisch, aber auch Fleischtiger werden glücklich. Unbedingt probieren sollte man die selbst gemachten Eisvarianten zum Dessert. Wunderschön angerichtet, sehr fein gekocht, ausgezeichnetes Service, etwas hochpreisig.
Via Roma Sinistra 25
Jesolo Paese
Tel.: +39 0421/35 03 80
www.ristorantedaguido.com

Lido 18

Lässiges Designerlokal, das durch wechselnde Bilderausstellungen gleichzeitig Kunstgalerie ist. Chef Alessandro vertritt die Null-Kilometer-Philosophie, die Zutaten kommen also nur aus der Umgebung. Die Fischküche ist einfallsreich; vernünftige Preise.
Piazza Torino 18
Lido di Jesolo
Tel: +39 0421/96 10 88
www.lido18.com

Da Omar

Die Atmosphäre erinnert an ein gemütliches französisches Bistro, und die Fischküche zieht wirklich alle Register. Gute Produkte, die auch Antipasti mit rohem Fisch zum Genuss machen, hervorragende Kreationen bei den Hauptgerichten. Erstklassiger Service mit passenden Weinempfehlungen.
Via Dante Alighieri 21
Jesolo Lido
Tel.: +39 0421/936 85

DISCO/BAR

Il Muretto

Riesendisco für 3000 Gäste, 4 Bars, 2 Terrassen, Swimmingpool; internationale DJs sind hier gern zu Gast.
Via Roma DX 120
Jesolo Lido
www.ilmuretto.net

Marina Club

Schon allein der Garten ist einen Besuch wert: 5000 m^2 groß, mit bunten Designerlampen stimmungsvoll beleuchtet, Bars, stylishe Sitzecken und Pool. Tolles Restaurant und Discobar. So richtig los geht's erst ab 22 Uhr.
Via Roma Destra 120/b
Jesolo Venezia
www.marinaclubjesolo.com

Sesto al Reghena (35 km)

Ein Städtchen mit sehr altem, atmosphärischem Stadtkern. Sehenswert ist die 741 gegründete, mit wertvollen Gemälden ausgestattete Benediktinerabtei. Piazza Castello 1, Eintritt frei.

Bibione (44 km)

Nur 40 Minuten von Caorle entfernt liegt Bibione, ein ruhiger Familienurlaubsort. Auf Strandliebhaber und Sonnenanbeter wartet der 8 km lange Sandstrand. Bei Schlechtwetter oder außerhalb der Badesaison lohnt es sich, die Thermae Bibione zu besuchen. Bäder, Saunen und alle Möglichkeiten der Entspannung werden dort geboten. Bibione ist auch bekannt für seinen feinen, weißen Spargel, der in den sandigen Böden rund um die Stadt gedeiht. Während der Saison wird er in den Restaurants angeboten, unbedingt probieren! Wochenmarkt ist Dienstag.

Lignano (47 km)

In Lignano pulsiert das (Nacht-)Leben. Speziell für junge Leute ist Lignano Sabbiadoro ein Paradies. Ein Ausflug mit Kindern nach Lignano lohnt sich aber ebenso. Der Luna Park, das Gulliverlandia, das Aquasplash, der Parco Junior und der Zoo in Punta Verde sind bei den Kleinsten beliebt. Für die Jugend und Junggebliebenen gibt es mehrere Diskotheken wie z. B. das Miró oder die Diskothek Kursaal. Einkaufen lässt es sich in Lignano auch hervorragend: Internationales Flair verströmen die teils exklusiven Shops in der Viale Venezia, günstiger sind die Läden in der Via Tolmezzo. Noch preiswerter wird es in der Via Udine in Läden mit unbekannteren Marken. Auch interessant: Montags ist Wochenmarkt.

E S S E N

Al Bancut
Fische und Meeresfrüchte vom Feinsten. Netter Gastgarten.
Viale dei Platani 63
Sabbiadoro
Tel.: +39 0431/719 26
www.albancut.it

Bidin

Fische & Co. auf Spitzenniveau. Elegant, gute Weinbar.
Viale Europa 1
Sabbiadoro
Tel.: +39 0431/719 88
www.ristorantebidin.com

Agosti

Kreative, sehr gute Küche. Top Weinberatung, freundlich.
Via Tolmezzo 42
Sabbiadoro
Tel.: +39 0431/712 15

Tahiri

Cooler Beachclub mit Strandliegen und Pool. Palmen, Blick auf die Yachten, Restaurant mit designter Meeresküche.
Via Carso 45
Sabbiadoro
Tel.: +39 0431/700 51
www.tahiri.it

D I S C O / B A R

La Nicchia del Mediterrano

Delikatessen, 500 Weine.
Via Tolmezzo 45
Sabbiadoro

Tenda Bar

In-Treff. DJs, Live-Musik.
Piazza Marcello d'Olivo 7
Pineta
www.tendabar.it

Miró

7 Tanzflächen, Wasserspiele, Strandtanzfläche.
Via della Vigna
Sabbiadoro

Kursaal

Beliebt bei Italienern, auch Tanzflächen im Freien.
Via R. Riva 1
Riviera
www.kursaalclub.com

Tagesausflüge

Treviso (80 km)

„Città d'acque" wird Treviso genannt, die Stadt am Wasser. Wirklich ein bestimmendes Element, Kanäle und rauschende Wasserläufe mit Mühlrädern prägen das Bild. Die Altstadt ist eine reizvolle Kombination aus stimmungsvollen Plätzen, historischen Häusern und chicen Boutiquen, schließlich haben hier Benetton, Replay und Stefanel ihre Wurzeln.

ESSEN/TRINKEN

Il Basilisco
Untypische Osteria, modernes, funktionales Interieur dominieren. Sensible Slow-Food-Küche mit Zutaten von Land bis Meer. Nahe beim Zentrum (östlich).
Via Bison 34
Tel.: +39 0422/54 18 22
www.ristorantebasilisco.com

Toni del Spin
Modell-Osteria – Boden, Trame und Wandtäfelung aus Holz, Bilder und Teller an der Wand. Traditionelle Küche, natürlich auch „Baccalà mantecato" (Stockfischmus). Im Zentrum.
Via Inferiore 7
Tel.: +39 0422/54 38 29
www.ristorantetonidelspin.com

Vineria
Was der Name schon verheißt: hier werden Weinfreunde glücklich. 1 500 Etiketten warten auf genüssliche Verkostung. Auch die Null-Kilometer-Menüs mit erstklassigen regionalen Produkten schmecken.
Via Castellana 4
Tel.: +39 0422/21 04 60

Palmanova (80 km)

Diese Stadt muss man gesehen haben. Von den Venezianern wurde sie als Schutzfestung auf dem Reißbrett geplant. Eine künstliche Stadt in Sternform mit Mauern rundherum – als ob jemand einen überdimensionalen Keks ausgestochen hätte. Die Begeisterung der Bevökerung, hier zu wohnen, hielt sich allerdings in Grenzen, daher mussten ursprünglich Häftlinge angesiedelt werden. Heute leben dort statt der geplanten 20 000 rund 5 500 Einwohner. Sehenswert ist vor allem der runde Hauptplatz, der in seiner Riesenhaftigkeit für diese kleine Stadt völlig überdimensioniert, aber vielleicht gerade deshalb so stimmungsvoll ist.

Venedig (86 km)

Viel zu schön, um es in einem kleinen Absatz beschreiben zu können, ist die Stadt der Kanäle. Daher begnügen wir uns hier mit der Basisinfo: von Caorle kann man Venedig mit einem Ausflugsschiff (Abfahrt vom Hafen bis direkt zum Markusplatz) erreichen – oder man fährt mit dem Auto bis Punta Sabbioni und von dort aus mit dem *traghetto*, also der Fähre, nach Venedig.

FÜR KINDER

Osteria Bancogiro
Auf einer Terrasse am Kanal sitzen, fein essen und die Kinder spielen derweil auf dem Platz vor dem Lokal. Himmlisch, oder? Station Rialto.
Campo S. Giacometto
Tel.: +39 041/523 20 61
www.osteriabancogiro.it

Gelateria Nico
Super-cremiges Eis.
Station Zattere

Pasticceria Rosa Salva
Auch hier schleckt man göttlichen Stoff aus der Tüte oder knabbert gute Dolci. Auf dem Platz vor dem Laden dürfen die Kinder Ball spielen.
Campo San Giovanni e Paolo Castello 6779
www.rosasalva.it

Glasmuseum Murano
Beeindruckend: Schauen Sie den Künstlern in einer der Glasbläsereien bei ihrer Arbeit zu. Station Murano-Museo.
Fondamenta Giustinian 8

Centrale Restaurant Lounge
Cool place. Mediterran-venezianische Küche, Lounge-Musik, exzellente Cocktails und während der Filmfestspiele Anlaufstelle für A-Promis.

San Marco
Piscina Frezzeria Nr. 1659/B
Tel.: +39 041/296 06 64
www.centrale-lounge.com

Gervasuti Foundation
Neuer Art Concept Store mit Bar.
Via Garibaldi
Fondamenta Sant'Ana
Castello 995
www.gervasutifoundation.com

Hosteria da Poggi
Authentisch. Tipp: Köstlicher „Bollito misto" (üppiger Eintopf aus gemischtem gekochtem Fleisch und Wurzelgemüse)
Cannareggio 2103
Rio della Maddalena (nahe Casino)
Tel.: +39 392/681 84 63

Fiaschetteria Toscana
Gepflegt, Fisch und Fleisch, bei Einheimischen beliebt.
San Giovanni Crisostomo 5719 (nahe Rialto)
Tel.: +39 041/528 52 81
www.fiaschetteriatoscana.it

APERITIF

Skyline Rooftop-Bar
Stilvoll, im 8. Stock des Hilton Molino Stucky.
Giudecca 810
Tel.: +39 041/272 33 11
www.molinostuckyhilton.com

Bar Aperol
Riesige Auswahl an Tramezzini.
Rialto, San Marco 5125

Die Highlights, klar, die kennt jeder. Abseits vom Markusplatz öffnet sich dagegen das echte Venedig. Auf der Giudecca zum Beispiel, im südlichen Teil Venedigs. Im Sommer reizt eine eigene Kabine am Strand des Lido. Auch Inselbesuche zahlen sich aus, etwa Torcello mit der Kathedrale Santa Maria Assunta aus dem frühen 11. Jh. Besonders schön: Burano. Adelspaläste stehen hier nicht, sondern kleine, bunte Häuser in Reih und Glied entlang der kleinen Kanäle. Das markanteste Bauwerk auf dieser Insel ist der schiefe Glockenturm. Und hier werden auch die berühmten handgeklöppelten Spitzen *(merletti)* hergestellt.

Conegliano (90 km)

Von wegen „typisches Frauengetränk": Auf den hinreißenden Hängen bei Treviso wächst das prickelnde Vergnügen, das sofort Glück auslöst. Die Rebzeilen schimmern in seidigem Glanz und hinter fast jeder Biegung der Weinstraße zeigen sich atemberaubende Aussichten. Wo es das gibt? Auf der Prosecco-Weinstraße, Start in Conegliano. Mit der heutigen Technik hat man ein Top-Qualitätsprodukt geschaffen, eine gute Flasche von Spitzenwinzern wie Ruggeri, Nino Franco, Col Vetoraz, Bortolin, Desiderio Bisol & Figli, Arturo Vettori, Fratelli Bortolin und dem Geheimtipp Garbara hat deshalb ihren Preis.

E S S E N

Ristorante Da Gigetto

Das ist der kulinarische Platzhirsch und qualitative Dauerbrenner im Prosecco-Land. Stilvolles, schönes Ambiente.
Via A. de Gasperi 4
31050 Miane
Tel.: +39 0438/96 00 20
www.ristorantedagigetto.it

La Corte

Gediegene Atmosphäre, hervorragend kreative Küche: etwa Sardinen-Tatar mit Ananas-Algen-Creme oder gespickter Hasenrücken mit Pastinakencreme und Spargel.
Piazza IV Novembre 3
31051 Follina
Tel: + 39 0438/97 12 77
www.hotelabbazia.it

Osteria Al Castelletto

Padrona Clemi ist eine Institution.
Einfache, gute Küche, ausgezeichnete Desserts.
Via Castelletto 15
31051 Pedeguarda
Tel.: + 39 0438/84 24 84
www.alcastelletto.com

W I N Z E R

Ausgewählte Adressen. Bei allen Winzern ist es aber besser, vorher
einen Termin zu vereinbaren.

SANTO STEFANO DI VALDOBBIADENE

Desiderio Bisol & Figli

Weiche und substanzreiche Prosecchi, einer der besten Produzenten.
Via Follo 33
Tel.: + 39 0423/90 01 38
www.bisol.it

Col Vetoraz

Spitzenproduzent. Feine Perlage, noble Frucht. Tipp: der Millesimato.
Strada delle Treziese 1
Tel.: +39 0423/97 52 91
www.colvetoraz.it

Garbara

Geheimtipp. Kleiner, feiner Betrieb mit hohen internationalen Auszeich-
nungen.
Via Menegazzi 19
Tel.: + 39 0423/90 01 55
www.garbara.it

CONEGLIANO

Giavi

Klein, fein. Exklusiv die Linie „Prima Volta".
Via Molena 32
Tel.: +39 0438/41 19 49, +39 338/956 85 98
www.giavi.it

Canevel Spumanti

Feine Kohlensäure, fülliger Geschmack. Tipp: Cartizze und Il Millesimato (cremig, fester Körper).
Via Roccat e Ferrari 17
Tel.: + 39 0423/97 59 40
www.canevel.it

Nino Franco

Feiner Prosecco, Spitzenwinzer. Tipp: 3 Gläser im „Gambero Rosso" für den Valdobbiadene Grave di Stecca Brut.
Via Garibaldi 147
Tel.: +39 0423/97 20 51
www.ninofranco.it

Ruggeri

Einer der besten Betriebe. Sehr ausdrucksstarke Weine, vor allem der Giustino B., fester, seidiger Körper.
Via Prà Fontana
Tel.: + 39 0423/90 92
www.ruggeri.it

Udine (98 km)

Udine erkennt man am Geruch der zartschmelzenden Kürbisgnocchi im Sguazzi, dem Branzino mit Meeresfrüchten im kleinen Sternelokal Bibendum oder der cremigen Polenta mit Montasio und Lardo im Là di Moret. Aber Sie haben recht, von Luft und Duft allein lebt man nicht. Meistens ist der letzte Besuch schon wieder viel zu lange her, Entzugserscheinungen daher am besten mit einer kräftigen Dosis Schlemmen bekämpfen. Zum Dessert geht es auf Einkaufstour in die Innenstadt. Udine ist immer der richtige Zwischenstopp auf der An- oder Abreise, denn es liegt ja ohnehin am Weg.

ESSEN

Là di Moret

Höchstes Niveau, bester Service, schöne Weine.
Viale Tricesimo 276
Tel.: +39 0432/54 50 96
www.ladimoret.it

Sguazzi
Fein gekochte Kreuzfahrt durch die friulanische Küche, köstliche Gnocchi und viele Pastavariationen.
Via Cividina 46
Tel.: +39 0432/423 63

Alla Tavernetta
Vorzeige-Osteria. Gemütliche Atmosphäre, verfeinerte friulanische Klassiker.
Via di Prampero 2
Tel.: +39 0432/50 10 66
www.allatavernetta.com

Bibendum
Mini-Osteria mit einem Michelin-Stern, trotzdem sehr günstig. Tolle Bedienung.
Piazza Angeli 3
Orzano-Remanzacco (Udine)
Tel.: +39 0432/64 90 55

CAFÉ/BAR

Contarena
Das schönste Café von Udine mit Jugendstil-Fresken, mitten im Zentrum.
Via Cavour 1

Al Cappello
Sehr stimmungsvoll. An der Decke hängen Hunderte Hüte, auf der Theke thront unbeeindruckt die Hauskatze. Viele Weine, leckere Brötchen.
Via Paolo Sarpi 5
Tel.: +39 0432/29 93 27
www.osteriaalcappello.it

Grado (105 km)

Was so großartig an Grado ist? Ganz simple Dinge: die Lagune, das gelbe, warme Licht und die genialen Fischeintöpfe. In kaum einem anderen Ort brutzelt, kocht und grillt man die Meeresschätze vor so reizvoller Kulisse. Ein sinnlicher Tauchgang in die kulinarische Welt von Grado. Die Stadt ist zum Glück auch steinernes Zeugnis des Widerstands gegen die immer mehr werdenden hässlichen Betonburgen an der Adria. Grado ist ein charmanter Mix aus Aquileia, Markuslöwe und Doppeladler.

All'Androna

Frische Produkte, feinste Gerichte, allerdings muss man tiefer in die Geld-
tasche greifen.
Calle Porta Picola 6
Tel.: +39 0431/809 50
www.androna.it

Trattoria alla Borsa

Urig, herzhaft und günstig. Traditonelle Küche, köstliche Fischlasagne.
Via Conte di Grado 1
Tel.: +39 0431/801 26
www.trattorialaborsa.com

Ai Ciodi

Eine Insel der Ruhe und kulinarische Legende ist Mauros Restaurant.
Unter freiem Himmel genießt man Fisch und Meeresfrüchte, einfach gut
zubereitet. Erreichbar mit Ausflugs- oder Taxiboot ab Zentrum Grado.
Isola di Anfora
Tel.: +39 357/52 22 09 • Von Oktober bis Ostern geschlossen.
www.portobusoaiciodi.it

Alla Buona Vite

Idyllischer Bauernhof mit Trattoria und Weingut, gute und günstige Fisch-
und Fleischküche. Tipp: Fischrisotto, Gulasch mit Gänsefleisch. Über-
nachtungsmöglichkeit. Località Boscat, an der Uferstraße nach Aquileia
in Richtung Belvedere einbiegen.
Tel.: +39 0431/880 90
www.girardi-boscat.it

De Toni

Einfache und köstliche Fische, etwa der gebackene Steinbutt mit Pinien-
kernen.
Piazza Duca d'Aosta 37
Tel.: + 39 0431/801 04

B A R S

Enoteca De Gustibus

Gute Auswahl an friulanischen Weinen, dazu gibt es Käse, Würste und
Schinken.
Via Marina 28

Enoteca Cantina
Lounge-Musik, große Auswahl an Weinen aus den wichtigsten Regionen.
Calle Porta Nuova 1b

SEHENSWERT

Neben der hübschen Altstadt natürlich Aquileia mit seinen frühchristlichen Ausgrabungsstätten und der faszinierenden Basilika.

Padua (110 km)

Die zweitälteste Stadt Italiens, italienisch authentisch, jung dank 60 000 Studenten, vital, günstiger als Venedig, aber genauso sehenswert. Das historische Zentrum bietet mit seinem Wechsel von großzügigen Plätzen, lebendigen Fußgängerzonen und teils kleinen, mit holprigem Pflaster belegten Nebengässchen ein reizvolles Ambiente. Die prachtvolle Basilica di Sant'Antonio ist außerdem eines der wichtigsten Wallfahrtsziele Italiens. Viele Sehenswürdigkeiten sind gut zu Fuß erreichbar: der Dom mit den beeindruckenden Fresken, das historische Caffè Pedrocchi, das Rathaus und die Universität mit dem alten, beeindruckenden Seziersaal.

ESSEN

Wer tiefer in die Tasche greifen will, reserviert im Vorhinein einen Tisch im Drei-Sterne-Restaurant Le Calandre (Via Liguria 1a, www.calandre.com), günstigere Alternativen gibt es auch. Wir haben ausgewählte Vorschläge.

Nerodiseppia
Auf Fisch spezialisiert, stimmige Atmosphäre, gute, ideenreiche Küche.
Via S. Francesco 161
Tel.: +39 049/836 40 49
www.ristorantenerodiseppia.it

Osteria dei Fabbri
So gemütlich wie im eigenen Wohnzimmer, große Holztische und Trame an der Decke. Venezianische Gerichte, gute Weine.
Via dei Fabbri 13
Tel.: +39 049/65 03 36
www.osteriadeifabbri.it

Osteria L'Anfora

Bilderbuch-Osteria, urig, preiswerte, gute Hausmannskost. Im jüdischen Viertel.
Via Soncin 13
Tel.: +39 049/65 66 29

CAFÉ/KONDITOREI

Caffè Pedrocchi

Ältestes Kaffeehaus Paduas (1831), sehr elegant mit samtbezogenen Sesseln, viel Marmor und griechischen Säulen, dementsprechend höhere Preise, im Haus sind auch ein Restaurant und ein Museum. Wenige Schritte von der Piazza Cavour.
Via 8 Febbraio 15
www.caffepedrocchi.it

Pasticceria Biasetto

Paduas beste Konditorei, feine Süßspeisen und Pralinen. Nahe Prato della Valle.
Via Facciolati 12
Tel.: +39 049/80 24 428
www.pasticceriabiasetto.it

SEHENSWERT

Das Zentrum mit Markt, Piazza delle Erbe, Piazza dei Frutti – ein Paradies für Marktliebhaber. Fixpunkte sind auch die Piazza dei Signori, der Domplatz und der Palazzo del Bò sowie das Hauptgebäude der Universität (16. Jh.), an der schon Galilei lehrte. Beeindruckend vor allem im Obergeschoß der älteste medizinische Hörsaal der Welt, das Teatro Anatomico. Gesehen werden muss auch die Basilica di Sant'Antonio und, im Süden Paduas, der weite ovale Platz Prato della Valle mit dem langen von Statuen gesäumten Wassergraben.

Chioggia (115 km)

Palazzi, Kanäle, Brücken, volles Leben – das macht den charmanten Mix von Venedigs kleiner Schwester aus. Hauptanziehungspunkt ist der Hauptplatz. Eine fromme Untertreibung, denn der „Platz" ist so lang, dass er eigentlich schon eine Flaniermeile ist. Daher auch der Name – nicht Piazza, sondern Corso del Popolo. Hier spielt sich Italien in seiner ganzen Bandbreite ab. Plaudern, flanieren, gustieren, gestikulieren, Wein trinken, einkaufen, einfach alles passiert hier. Das Zentrum bietet genau das, was man sich von einer „idealen" italienischen Altstadt vorstellt: enge Gassen, darüber quer gespannte Wäscheleinen, Paläste und die prächtige Chiesa San Domenico. Fixe Anlaufpunkte sind auch der romantische Canal Vena mit Obst- und Gemüseständen an den Ufern – und natürlich der große Fischmarkt.

ESSEN

La Taverna dal 1887
Gilt als beste Osteria in Chioggia, nettes Ambiente, unverfälschte venetische Küche. Tipp: die frittierten Moeche (Krebse) im Frühling und im Herbst.
Via Cavalotti 348 (im Zentrum)
Tel.: +39 041/40 02 65

Osteria da Penzo
Einfaches Lokal mit heimeligem Flair. Handgeschriebene Karte, die je nach Tagesangebot wechselt. Gute, günstige venetische Fischküche, 130 Weinetiketten. In einer Seitengasse des Corso del Popolo.
Calle Larga Bersaglio 526
Tel.: +39 041/ 40 09 92

El Gato
Das Angebot gefällt wohl auch der Katze im Firmenlogo und den Gästen sowieso: Fisch und Meeresfrüchte bis zum Abwinken. Unter neuer Führung gibt es im umgestalteten hellen Restaurant gehobene Küche.
Corso del Popolo 653
Tel.: +39 041/40 02 65
www.elgato.it

Triest (130 km)

Noch eine Stadt des Herzens, freilich ganz anders im Charakter. Friauls Hauptstadt präsentiert sich mit romantischer Küstenstraße, dem schimmernden Blau der Adria, dem pulsierenden Hafen mit Schiffen und Kränen auf dünnen Spinnenbeinen, dazwischen ragen Paläste aus der Kaiserzeit heraus, das schneeweiße Märchenschloss Miramare und Villen, die sich an die gezackten Küstenhänge des Karsts klammern. Triest ist der Prototyp einer europäischen Stadt. Ein Ort mit 90 Ethnien, eine einmalige Kombination aus untergegangener Weltstadt und lebendigem Meltingpot. Für Neugierige ein nie endenwollendes Terrain, weil es hier so viele Grenzen gab und gibt. Diese Vielfalt schlägt sich auch in den

Kochtöpfen nieder. Triest ist ein Ort der Genüsse, der Geruch des Meers dringt durch alle Ritzen und entfaltet sich in frischem Fisch, Muscheln, Algen, panierten Sardinen, aber auch in Kutteln und Schinken mit Kren. Würziges Olivenöl wird im Karst, vor den Toren der Stadt, gepresst. Und die Küche ist eine wunderbare Melange aus slawischer, mediterraner, böhmischer und k. u. k. Küche. Triest ist auch Italiens Hauptstadt der Kaffeehäuser. Die Auswahl ist groß, keine austauschbaren Abfertigungshallen irgendwelcher US-Ketten, versteht sich. Wohl nirgendwo trinkt man in so schönem Ambiente so guten Espresso. Wenn man einkaufen will, sucht man sich am besten nicht den Sonntag oder Montagvormittag aus, da hat fast alles geschlossen.

ESSEN

La Bottega di Trimalcione
Kleines Restaurant mit guten und günstigen Fischmenüs mit bis zu 7 kleinen Gängen. Nahe Piazza San Giacomo.
Via della Guardia 15
Tel.: +39 040/36 97 99
www.trimalcione.ts.it

Harry's Grill
Triests nobelstes Restaurant im Grand Hotel Duchi. Feine Küche mit regionalen Zutaten. Untertags schmeckt auch der Kaffee auf der Terrasse.
Piazza dell'Unità d'Italia 2
Tel.: +39 040/66 60 60
www.duchi.eu

Ausflugsziele in der Umgebung

Antipastoteca di Mare

Urig mit Fischernetz-Deko. Einfache, sehr gute Fische, Muschel-Raritäten, und das noch dazu günstig. Am Hügel (nahe Burg San Giusto) gelegen, die Adresse aber nicht mit der Via della Piccola Fornace (Sackgasse) ganz in der Nähe verwechseln.
Via delle Fornace 1
Tel.: +39 040/30 96 06

Suban

Hervorragende Traditionsküche, von Jota (typische Krautsuppe) bis Kalbshaxe, sehr gute Pasta. Immer wieder einen Besuch wert, daher auch bei den Einheimischen besonders beliebt.
Via E. Comici 2/d
Tel.: +39 040/54 368
www.suban.it

Ristorante Scabar

Gilt als bestes Fischlokal, sehr kreativ. Ami Scabar legt wert auf absolut frische Ware, die dynamische Chefin ist täglich mit „kleinen" Fischern in Kontakt.
Erta di Sant'Anna 63
Tel.: +39 040/81 03 68
www.scabar.it

Al Cavalluccio

Nahe Triest, nettes Fischrestaurant im Hafen von Duino. Herrliche Lage.
34013 Duino 61/d
Tel.: +39 040/20 89 04
www.alcavalluccio.it

BUFFETS

Typisch für Triest sind die Buffets im Zentrum, die in altösterreichischer Tradition feine Schweinereien auftischen: Siedefleisch, Stelzen, Schinken, Zunge und noch mehr. Ein Klassiker ist das **Buffet da Pepi** (Via della Cassa di Risparmio 3, So. zu) mit Kaiserfleisch, Schinken, Würsten etc. Im **Da Giovanni** (Via San Lazzaro 14, So. zu) warten Schinken, eine Riesenmortadella, Pasta, Gulasch, Kutteln und freitags Fisch. Das **Buffet da Mario** (Via Torrebianca 41, Sa., So. zu) lockt mit Jota, Siedefleisch und Würstchen, das **Siora Rosa** (Piazza Hortis 3, Sa., So. zu) erweitert das Fleischprogramm um Tintenfisch, Baccalà und „Sarde in saor".

CAFÉS/BARS

Urbanis
Allein wegen der alten Mosaike einen Besuch wert. Im hinteren Bereich gibt es eine stylishe Galerie in Schwarz-Weiß.
Piazza della Borsa 3

Antico Caffè San Marco
Schönstes Café, Jugendstilambiente.
Via Battisti 18

Tommaseo
Das älteste Café der Stadt.
Riva Tre Novembre 5

Bar Via delle Torri
Illys Designercafé mit hervorragendem Espresso in künstlerisch gestalteten Tassen.
Via D. Torri 3 (am Ende des Canal Grande)

Cremcaffè
Rösterei mit moderner Kaffee-Degustationsbar.
Piazza Goldoni 10

Gran Malabar
Beste Weinbar mit 60 000 Flaschen, auch Imbisse und Kaffee.
Piazza San Giovanni 6

Antico Caffè Torinese
Jugendstil-Kleinod mit Marmortheke. Hauseigener Kaffee, Olivenöle, Schokolade.
Corso Italia 2
www.anticocaffetorinese.it

Bollicine
Viel Schwarz und lila Ledersofas – Triests Schaumwein-Zentrale und coolste Bar. Kreative Häppchen, Nouvelle-Cuisine-Fischküche.
Piazza Sant'Antonio Nuovo 2a (am Canale)
www.lebollicine.net

SEHENSWERT

Piazza Libertà
Um den zentralen Platz im Riesenformat kommt man nicht herum. Direkt am Meer, mit imposanten k. u. k. Gebäuden und vielen Cafés.

Grotta Gigante
Bizarre Unterwelt in der riesigen Tropfsteinhöhle erleben. Einstündige Führungen.
Località Borgo Grotta Gigante 42/A
Sgonico
www.grottagigante.it

Schloss Duino
Romantisches Schloss am Meer. Schöner Park, berühmter Rilke-Wanderweg.
Castello Duino
34011 Duino Aurisina
castellodiduino.it

Castello di Miramare
Mythisches Schloss, tolle Lage am Meer, großer, gepflegter Park. Tickets für Schlossführungen nötig, Park gratis. Tägl. 9 bis 19 Uhr.
www.castello-miramare.it

Tagestour zu den venetischen Villen

Doge sein für einen Tag. Die Tour führt entlang der Riviera des Flusses Brenta. Kunstliebhaber können hier einige der schönsten venetischen Villen besuchen oder von außen bestaunen. Die Prachtbauten waren meistens ehemalige Landsitze von Adeligen, die hier ihre Sommerfrische verbrachten und so die Hitze in Venedig mieden, nette „Wochenend-häuschen". Die bekanntesten Villen sind die **Villa Gradenigo** (in Oriago), die **Villa Venier Contarini** (Mira), die **Villa Ferretti-Angeli** (Dolo), die **Villa Foscari** (Malcontenta, www.lamalcontenta.com), die **Villa Pisani** (heute Villa Nazionale, in Stra, www.villapisani.com) – sie ist zusammen mit der **Villa Manin** in Passariano das grandioseste Bauwerk unter den venetischen Villen. Die Fahrt geht weiter entlang des Brenta-Flusses bis nach Padua. Der Montag ist genereller Ruhetag. Die Tour kann mit dem Auto oder mit dem Schiff gefahren werden.

Info: Kreuzfahrten auf dem Brentakanal: www.rivieradelbrenta.biz
Wer selbst fahren will: Le Boat bietet die größte Auswahl an Booten und Revieren in Europa. Der Brentakanal ist mit dem Hausboot von der Lagune bis Padua befahrbar. www.leboat.at

Wissenswertes

Caorle jenseits der Saison

Caorle im Sommer – mit all seiner Schönheit, dem Meer, den vielen Touristen – kennt man als Caorle-Liebhaber. Doch die wenigsten waren zur Winterzeit da, wenn sich mit dem Nebel eine mystische Stimmung über die Stadt legt. Natürlich sind die Aktivitäten im Sommer praktisch uneingeschränkt. Doch auch der Winter hat hier gute Seiten, man muss sie nur finden.

Im Dezember öffnet der Eislaufplatz direkt in der Stadt und in der Vorweihnachtszeit gibt es einen Christkindlmarkt mit einer Krippenausstellung. Am 24. Dezember findet ab 23 Uhr die Taucherprozession „Jesuskind im Meer" statt und zu Silvester gibt es ein großes Feuerwerk. Neujahrswünsche verteilt man in Caorle erst ab 6 Uhr morgens zum Sonnenaufgang. Die Saison beginnt in Caorle nicht zu Ostern, sondern schon früher, zur Karnevalszeit. Es lohnt sich nicht, in einem der überteuerten Hotels in Venedig zu nächtigen, denn von Caorle aus fährt man nur ungefähr 30 Minuten Richtung Jesolo nach Punta Sabbioni. Dort kann man sein Auto kostengünstig auf einem bewachten Parkplatz abstellen und mit dem Boot in gut einer Stunde direkt und bequem zum Markusplatz fahren.

Einige Hotels wie das Savoy oder das International Beach Hotel haben ganzjährig geöffnet. Auch die Innenstadtlokale wie Enos Wine Bar, Taverna Caorlina und das Da Nappa haben keine Winterpause. Die meisten Geschäfte in der Altstadt haben ganzjährig geöffnet, da die Einwohner Caorles auch im Winter einkaufen, zum Friseur oder in eine Bar gehen. Caorle im Winter ist demnach alles andere als eine Geisterstadt. Und gerade an den Wochenenden kommen Einheimische aus dem Hinterland, um frische Meeresluft zu atmen und *la dolce vita* zu genießen.

Wer den Sommertourismus meiden und trotzdem Sonne tanken will, ist mit einem Aufenthalt zwischen April und Anfang Juni bzw. Mitte September und Ende Oktober bestens beraten. Mit etwas Wetterglück kann man herrliche Tage mit milden Temperaturen erleben. Spaziertouren oder Joggingausflüge sind immer möglich, meistens ist es auch warm genug, um sein Badetuch für einige entspannte Stunden auf dem Sand auszubreiten. Liegen und Schirme werden nur in der Hauptsaison aufgebaut. Der Strand gehört einem dann fast allein – herrlich!

Tatort Caorle

Kaum jemand bringt die Lebensweise des Veneto besser auf den Punkt als der Autor Volker Jochim. In den Mittelpunkt seiner Krimis „Trügerische Idylle" und „Der venezianische Löwe", die in Caorle spielen, stellt er Kommissar Robert Marek, der sich nach vielen Caorle-Urlauben und dem Zutun einer Frau von seinem Dienst bei der Kripo Frankfurt pensionieren lässt und seinen Lebensmittelpunkt ins Veneto verlegt. Kaum in Caorle angekommen, passiert auch schon ein Mord.

Die Protagonisten dieses Krimis bekommen nach wenigen Seiten ein klares Profil – um nicht zu sagen ein Gesicht – und einen eigenen Charakter. Kommissar Marek liebt Kaffee aus der legendären Aluminiumkanne, die in Italien jeder Haushalt besitzt und deren Duft bei der Kaffeezubereitung die ganze Wohnung erfüllt.

Das Caffè Roma, das seit Kurzem leider geschlossen hat, ist Dreh- und Angelpunkt seiner Ermittlungen. Das Buch liest sich wie ein Spaziergang durch Caorle. Kein Haus, keine Kirche und kein Café wurden vom Autor erfunden. Jochim beschreibt die Via Santa Margherita, die vom Kommissar so geliebten „Canolli" und die „Spaghetti Aglio e Olio", so dass bei der Lektüre innerhalb weniger Minuten ein mediterranes Gefühl aufkeimt.

Und neben all diesen tollen Eindrücken Caorles behandelt der Autor brisante Themen wie Grundstücksspekulationen, Behördenkorruption und verschwiegene Einheimische, die eng zusammenstehen und sich gegenseitig decken, wenn's drauf ankommt. Er lässt nichts aus: russische Geschäftemacher, deutsche Touristen in Shorts, arrogante Carabinieri, kokettierende Kellnerinnen und eben als Hauptprotagonisten einen italophilen Kommissar.

Immobilien kaufen in Caorle

So mancher Urlauber möchte sich den Traum von einer eigenen Wohnung am Meer erfüllen. In Caorle findet man überall in der Stadt Auslagen und Schaukästen, in denen freie Häuser, Bungalows und Mietwohnungen angepriesen werden. Doch die Suche nach einem passenden Objekt ist hier etwas schwieriger als in den Nachbarorten Jesolo, Lignano oder Bibione. Der Immobilienmarkt ist eher klein, weil viele Wohnungen gerade in der Stadt von den Caorlotti selbst bewohnt werden. Natürlich sind die Preise für die besten Lagen – wie in anderen Urlaubsdomizilen auch – im Zentrum am teuersten. Eine Wohnung mit 60 Quadratmetern kann in der Altstadt schon rund 300 000 Euro kosten – ohne Parkplatz, versteht sich. Etwas außerhalb, beispielsweise in Ottava Presa, circa 10 Kilometer von Caorle entfernt, findet man immer noch ganz attraktive Objekte. Für eine günstige Wohnung liegt der Quadratmeterpreis jedenfalls bei rund 1 800 Euro. Unter 100 000 Euro findet man nur selten etwas Passendes und mit großem Glück eine Wohnung, die in der Meernähe und inmitten einer guten Infrastruktur liegt.

Für EU-Ausländer gelten beim Wohnungserwerb in Italien die gleichen Rechte und Pflichten wie auch für Italiener. Es ist ratsam, eine der zahlreichen Immobilienagenturen, die es in Caorle gibt, zurate zu ziehen. Dazu sollte man sich die Zeit nehmen und am besten außerhalb der Saison eine Besichtigungstour vor Ort vereinbaren. Gerade im Oktober oder November möchten viele Immobilienbesitzer ihr Objekt verkaufen, dann sind auch für Käufer die Preise oft attraktiver und die Auswahl ist größer. Freilich kann man per E-Mail Angebote, Informationen und Fotos einholen, aber genaue Preise und Details wird man nur persönlich erfahren. Und die Qualität der Informationen ist einfach besser. Nur ein Beispiel: In Italien gibt es keine einheitliche Regelung zur Angabe der Wohnungsgröße. Balkon und Wände werden oft mitgerechnet und so kommt es, dass eine Wohnung mit 55 Quadratmetern plötzlich nur noch 45 Quadratmeter „Wohnfläche" hat.

Ob Wohnung oder Bungalow hängt natürlich stark vom Budget ab, das man zur Verfügung hat. Ein Haus direkt in Caorle findet man eher selten. Einige Reihenhäuser im Bereich des Campanile werden zwar angeboten, doch Schnäppchen gibt es so gut wie keine. Um sich den Traum von einem Haus zu erfüllen, sollte man sich deshalb einige Kilometer außerhalb informieren. Ein recht großes Angebot zu Wohnungen und Bungalows gibt es in Duna Verde und in Porto Santa Margherita. Wer seine Wohnung nur im Sommer nützt, findet eine ideale Infrastruktur mit ruhiger Lage und schönem Strand, und viele Lokale sind in den Sommermonaten geöffnet. Möchte man aber auch im Herbst oder Frühling in der eigenen Wohnung Urlaub machen, lohnt es sich, sich in Stadtnähe um eine geeignete Immobilie umzusehen, da in den Nachbarorten ab Oktober fast alles geschlossen hat. Viele dieser klassischen Ferienwohnungen haben zudem keine oder nur eine sehr dürftige Heizung.

Die Maklergebühren liegen ziemlich einheitlich bei 3 %. Jedoch lohnt es sich bei größeren Investitionen, über diesen Prozentsatz zu verhandeln. Die Steuern werden in Italien von einem sogenannten Katasterwert ermittelt. Der Betrag liegt immer weit unter dem wirklichen Wert des Objektes und wird aus der Art, Größe und Lage der Immobilie ermittelt. Den Katasterwert weiß der Makler, oder man fragt sich bei der Stadtverwaltung durch. Notariatskosten trägt immer der Käufer, Kosten für Übersetzungen von Verträgen werden geteilt.

EIN BEISPIEL:

2-Zimmer-Wohnung mit Bad/WC und Balkon ca. 45 m²

Kaufpreis	€ 80.000,–
Steuer/Katasterwert: € 28.000, –, davon 10 %	€ 2.800,–
Übersetzung des Kaufvertrags	€ 500,–
Agentur/Maklergebühr € 2.400,– netto	€ 2.880,–
Notar	€ 2.000,–
Gesamtbetrag:	**€ 88.180,–**

Man kann also davon ausgehen, dass rund 10 % des Kaufpreises an zusätzlichen Kosten anfallen. Auch diesbezüglich lohnt es sich wirklich, einen Makler einzuschalten, da Übersetzungen, Termine und Behördengänge doch einige Zeit in Anspruch nehmen und auf Ämtern kaum jemand der deutschen Sprache mächtig ist.

Und was laufende Kosten betrifft – Strom, Müll, Wasser und Gas sind verbrauchsabhängig zu bezahlen. Eine jährliche Grundsteuer ist vom Katasterwert abhängig. Bei o.a. Beispiel würde die Grundsteuer ca. € 200 im Jahr ausmachen.

Wichtige Begriffe bei der Immobiliensuche:

1-Zimmer-Apartment	monolocale
Ausstattung	finiture
Bad	bagno
Bad ohne Fenster	bagno cieco
Balkon	balcone
Erdgeschoss	pianoterra
erster Stock	primo piano
Flur	corridoio
Garage	autorimessa, box
Garten	giardino
Haus	casa
Heizung	riscaldamento
Käufer	acquirente
Kochnische	angolo cottura
Kosten	costi
Küche	cucina
Meerblick	vista mare
Preis	prezzo
renovierungsbedürftig	da ristrutturare
Treppe	scale
Verkäufer	venditore
Wohnung	appartamento
Wohnzimmer	soggiorno
Zimmer	stanza, camera
zu verkaufen	si vende
Zustand	stato

Attenzione! Weitere Tipps

Scontrino

Die Quittung, in Italien *scontrino* genannt, ist die Waffe der Regierung gegen jede Art von Schwarzarbeit und Steuerbetrug. Man ist als Kunde verpflichtet, die Quittung entgegenzunehmen, auch wenn es sich nur um ein Eis oder einen Espresso handelt. Es ist schon vorgekommen, dass die Guardia di Finanza Gäste nach dem Verlassen eines Lokals um die Rechnung gefragt hat. Auf jeden Fall ist es ratsam, die Quittung mitzunehmen und diese erst nach etlichen Metern in einen Mülleimer zu werfen.

Rauchen

Seit dem Jahr 2005 herrscht in Italien generelles Rauchverbot an öffentlichen Orten. In Bars und Restaurants findet man vor der Türe Aschenbecher und Stühle. Überraschenderweise gab es in Italien nie Probleme damit, die Italiener halten sich strikt daran. Kommunikativ wie sie sind, nützen sie die Rauchpause gleich für ein gemütliches Plauscherl, manchmal wird sogar das Weinglas mit hinaus genommen. Im Winter werden zudem Heizstrahler aufgestellt, so dass bei niedrigen Temperaturen die Finger nicht abfrieren. Wer sich nicht an das Rauchverbot hält, hat mit einer saftigen Geldstrafe zu rechnen. Das gilt kurioserweise übrigens auch für den Wirt!

Markenfälschungen kaufen

Am Strand von Caorle braucht man nicht lange zu suchen, um sie zu finden: die afrikanischen Strandverkäufer mit ihren gefälschten Sonnenbrillen und Handtaschen. Der Kommandant der Stadtpolizei von Caorle, Armando Stefanutto, warnt auch vor Massagen, Zopfflechten und Tätowierungen am Strand. Man sollte wissen, dass man sich durch den Kauf gefälschter Markenartikel strafbar macht und oftmals werden die Touristen zur Abschreckung ganz schön zur Kasse gebeten.

Unangemessene Kleidung

Italiener legen sehr viel Wert auf Stil. In Kirchen, beim Abendessen und sogar beim Mittagessen sollte man nicht in Shorts, Trägershirt und Badeschuhen erscheinen. Es zeugt von Klasse und man outet sich nicht sofort als Tourist, wenn man sich dem Anlass entsprechend kleidet.

Parken in der Viale Santa Margherita

Von 1. Juni bis 31. August wird die Viale Santa Margherita zwischen 20 und 24 Uhr zur Fußgängerzone. Der Verkehr wird in dieser Straße sowie in der Via Luigi dal Moro und an der Piazza S. Antonio gesperrt. Man ist daher gut beraten, wenn man sein Auto woanders parkt, da Falschparker rigoros abgeschleppt werden. Die Polizei kennt kein Pardon. Abgeschleppte Autos können bei der Firma Vaccaro in der Via Traghete abgeholt werden. Das kostet aber erfahrungsgemäß aufgrund der Sprachbarriere Nerven, Zeit und Geld.

Strafzettel

La multa – das Strafmandat sollte man am besten vor Ort bezahlen. In Deutschland und Österreich können Strafen auch eingetrieben werden, was in der Regel aber teurer kommt. Zur Begleichung der Strafe sucht man am besten die Dienststelle der Polizia municipale oder der Carabinieri auf.

Klimatabelle:

Monat	Jan.	Feb.	März	Apr.
Mittlere Höchsttemperatur	6	8	12	17
Mittlere Wassertemperatur	9	8	10	13
Sonnenscheindauer in Stunden	3	4	5	6

Caorle in Fakten

Einwohner:	12.000
Provinz:	Venedig
Strand:	18 km
Fläche:	151 km^2
Postleitzahl:	30021
Vorwahl:	0421
Markttag:	Samstag
Hotels:	ca. 200
Gästebetten:	100.000
Gäste pro Jahr:	600.000
Nächtigungen pro Jahr:	4 Mio.
Schutzpatron:	Santo Stefano/Heiliger Stephanus

Caorle im Internet

Caorle bietet viele Möglichkeiten sich zu informieren, zu planen oder sich einfach nur „durchzuklicken". Die besten Websites finden Sie hier:

www.caorle.it

www.caorle.com

www.webcamcaorle.it

www.e-wine.it

www.stradavinilisonpramaggiore.it

www.lison-pramaggiore.it

www.caorle.de

www.caorle.tv

http://meineadria.com

www.caorlevacanze.it

www.caorlotti.com

www.turismovenezia.it

Mai	Juni	Juli	Aug.	Sep.	Okt.	Nov.	Dez.
21	25	28	28	24	18	12	7
17	21	23	24	21	18	14	11
8	9	10	9	7	6	3	3

Wichtige Telefonnummern in Caorle
(Vorwahl +39 0421, außer Notrufnummern)

Fremdenverkehrsverein Caorle	810 85
Fremdenverkehrsverein P. S. Margherita	26 02 30
Fremdenverkehrsverein Duna Verde	29 92 55
Strand-Konsortium	842 72
Taxi Caorle	820 29
Bahnhof Portogruaro	712 23
Bahnhof San Donà di Piave	33 08 35
Postamt Caorle	811 40
Postamt P. S. Margherita	26 03 89
Carabinieri	112
Verkehrspolizei	113
Feuerwehr	115
Ital. Automobilclub/ Abschleppdienst	116
Rettung	118
Ärztlicher Bereitschaftsdienst	21 98 27
Unfallstation Caorle	21 98 29
Krankenhaus Portogruaro	717 77
Apotheke Caorle Zentrum	810 44
Apotheke P. S. Margherita	26 00 60
Flughafen Venedig	+39 041 260 92 40
Flughafen Verona	+39 045 809 56 66
Flughafen Treviso	+39 042 231 51 11
Flughafen Monfalcone/Triest	+39 048 177 32 24

Tourismus-Informationen

Viele Informationen und Broschüren gibt es auch im Tourismusbüro:

Azienda di Promozione Turistica
Piazza Matteotti
im Kulturzentrum Bafile
30021 Caorle (VE)
Tel.: +39 0421/810 85
info@caorleturismo.it

Allgemeine Informationen über Italien und die Region:

Österreich: Italienische Zentrale für Tourismus ENIT Wien
Mariahilfer Straße 1b/Top XVI, 1060 Wien
Tel.: 01/505 16 30, vienna@enit.it, www.enit.it

Deutschland: Italienische Zentrale für Tourismus ENIT
Barckhausstraße 10, 60325 Frankfurt am Main
Tel.: +49 69/23 74 34, frankfurt@enit.it

Schweiz: Italienische Zentrale für Tourismus ENIT
Uraniastraße 32, 8001 Zürich
Tel.: +41 43/466 40 40, zurich@enit.it

Literaturnachweis:

- **Caorle entdecken,** Gianni Prevarin, Edizioni PubbliCaorle
- **Caorle, Perle der Adria,** Flavio Ineschi, Associazione Culturale Doge Stampa
- **Caorle,** Gianni Prevarin, Edizioni PubbliCaorle
- **Caorle, Poesien und Geschichten der Lagune,** Mario Rossetti/Gianni Prevarin, Edizioni PubbliCaorle
- **Le ricette della cucina caorlotta,** Taverna Caorlina, Edizioni PubbliCaorle
- **Caorle,** Promocaorle
- **ADAC Reiseführer,** Christine Hamel, ADAC Verlag
- **Marco Polo, Italienische Adria,** Ulrike Lieb-Schäfer, Mairs Geographischer Verlag
- **Baedeker Allianz Reiseführer Italien**, Verlag Karl Baedeker
- **Kommissar Marek**, Trügerische Idylle, Volker Jochim, Asaro Verlag
- **Kommissar Marek**, Der venezianische Löwe, Volker Jochim, Novumpro Verlag
- **Immobilien in Italien**, Oliver Koch, Compact Verlag
- **Guida turistica ufficiale 2011**, Info Promocaorle
- **Caorle Mare Magazine,** Associazione Culturale Doge Stampa
- **Merian Live, Verona und das Veneto,** Travel House Media, Ganske Verlagsgruppe

Register

Wie kaum eine andere Stadt Italiens erlebt Triest, seit Jahrhunderten ein Brennpunkt der Geschichte und Schnittpunkt italienischer, österreichischer, slowenischer, jüdischer und griechischer Kultur, derzeit einen neuen Frühling. Seit der Öffnung der Grenzen zu ihren Nachbarn im Osten weht in der alten Hafenstadt, die ihre erste Blütezeit in der k. u. k. Monarchie erlebte und viel zu lange in einem vergessenen Winkel Italiens dahindämmerte, ein frischer Wind. Auf den Besucher wartet ein umfassendes kulturelles Angebot, daneben gilt Triest immer mehr als schicke Einkaufsstadt. Dabei geht es nicht nur um Mode und Accessoires, sondern auch um Antiquitäten und kulinarische Genüsse aus der Region.

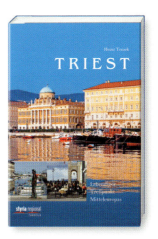

Heinz Tomek
TRIEST
Lebendiger Treffpunkt Mitteleuropas

176 Seiten, 14,5 x 20 cm
Flexocover, zahlr. Farbabb.

ISBN: 978-3-7012-0091-7 · € 19,99

Es ist der erklärte Lieblingsort vieler Österreicher und mancher hat
es zu seiner zweiten Heimat erkoren: Kein Wunder bei der bezau-
bernden Altstadt, die Grado so entscheidend von seinen adriatischen
Mitbewerbern unterscheidet. Dass das Örtchen mit der attraktiven
Lage auf einer Insel zwischen Lagune und offenem Meer Geschichte
hat, ist nicht zu übersehen. Das historische Zentrum mit seinen ver-
winkelten Gässchen, steinernen Fassaden und versteckten Plätzen
ist allein schon einen Ausflug wert. Auf Sonnenanbeter wartet
kilometerweise feinster Sand, weshalb Grado auch als Spiaggia
della Mitteleuropa betitelt wird.

Evelyn Rupperti
GRADO
Der nahe Süden zu jeder Jahreszeit

192 Seiten, 11,5 x 20,5 cm
Franz. Broschur

ISBN: 978-3-85378-617-8 · € 18,-

styria regional

CARINTHIA